IFS 創始人用三個練習，帶你化解過去的傷與現在的苦

# 脆弱卻驚人的內在力量

里查．史華茲（Richard C. Schwartz, PhD）著

林宜汶 譯

獻給不斷發展壯大的ＩＦＳ社群，
獻給不斷教授、學習、分享並使用該模式的
ＩＦＳ培訓師、合作夥伴、員工與基金會。

推薦序

# 我們每個人，都是內在的療癒者

留佩萱

開始寫這篇推薦序的當下，我讓自己暫停下來，做幾次深呼吸，覺察自己的內心狀態。過去一個多月，我常忘了暫停下來深呼吸。隨著兩個寶寶的誕生，過往熟悉的生活消失了，現在的生活常充滿混亂與不確定性。

面對這樣生活上的改變，我常感到很焦慮。某天的我陷入了焦慮漩渦，隨手翻開了最近剛買的一本關於「內在家庭系統」的新書，書中幾句話立刻讓我覺察到：我所感受到的焦慮，並不是「全部」的我，而是「一部分」的我。這一刻，我感覺到內心的空間變寬闊了；當然，焦慮的感覺並沒有消失，但此時的焦慮感已經不再劇烈地把我吞噬，而是待在我身邊，我的內心則有足夠大的空間，能容納並陪伴這個焦慮感受。

我的內心就像一片遼闊的天空，可以容納不同情緒、想法、感受——那些內在各種不同部分的我。

「內在家庭系統」（Internal Family Systems Therapy，簡稱ＩＦＳ）是我生活中很重要的一部分，我從約八年前開始學習這個治療理論，從一開始應用在心理諮商中，到現在，ＩＦＳ已經成為我生活的方式。ＩＦＳ創辦人里查．史華茲博士從和個案治療的經驗中學到，我們每個人的內心都有各種不同「部分」，有各式各樣的情緒、想法或行為。而不管這些部分在做些什麼——焦慮、憤怒、自我批評、自我懷疑……它們都是想幫助我們。而我們每個人內心都有一個充滿愛與慈悲的本質（在ＩＦＳ中稱為「自我」），可以容納、理解、呵護與關愛內心的不同部分。也就是說，我們每個人都是內心世界的療癒者。

八年前，我剛開始學習ＩＦＳ所讀的第一本書，就是史華茲博士在二〇〇一年出版的《Introduction to Internal Family Systems》；過了二十年後，史華茲博士將這本書重新修訂、融入這二十年來ＩＦＳ更新的觀點，再次出版了這本《脆弱卻驚人的內在力量》。現在，臺灣的讀者也可以讀到這本書了！

《脆弱卻驚人的內在力量》這本書是史華茲博士寫給一般大眾介紹ＩＦＳ的書籍，願讀者們能藉由這本書開始慢慢認識自己內心的不同部分，並好好地愛內心每一個部分的你。

（本文作者為美國諮商教育督導博士、內在家庭系統理論ＩＦＳ Level 2 受訓治療師）

推薦序 我們每個人，都是內在的療癒者 留佩萱 005

## 第一章 看見你的內在家庭

我們害怕「裡面的東西」 014
「那才不是我」？ 018
和自己內在的關係，會反映在與外界的關係 021
我們的情緒和想法遠比表面上看起來更複雜 024
了解自己與生俱來的智慧 027

練習1 看見你的內在家庭 032

第二章

# 自我能幫助你整合

自我之旅 039
諸神的祕密 046
當內在部分退後一步時，你會發現什麼？ 048
自我領導，讓你能真正做自己 052
「自我」的特質 056
練習2 與內在部分對話 076

## 第三章 探索你內在部分的運作


對抗內心的仇敵 085
正常的心靈多重性 099
充滿各種次人格的內在系統 104
讓好部分從壞角色中獲得自由 114
如釋重負的個案 119
人性良善的可能 122
練習3 探索你的內在部分 124


## 第四章 被放逐者、管理員、救火員


被放逐者 127

管理者　144
救火員　157
捨棄救火員、管理者與被放逐者的角色　163

第五章　IFS諮商模式

探索內心的過程　170
做個富有關懷心的見證者　183
療癒的過程　185

◆附錄A　IFS模式概述　189
◆附錄B　IFS常用術語　195

第一章

# 看見你的內在家庭

你是否曾聽過「在愛別人之前，我必須先學會愛自己」或「我的問題在於缺乏自尊」或「我不想這樣做，但又忍不住」之類的話？我們得學會去愛、去尊重的「自己」到底是誰？爲什麼「愛自己」「尊重自己」這麼難？又是誰讓我們做出自己不願意做的事？我們是否會永遠受腦中那個不斷批評自己的聲音所困？想處理內心深處的無價值感，是不是有更好的方法？該怎麼做，才能減少內心的噪音，好讓我們不那麼焦慮與分心呢？

## 我們害怕「裡面的東西」

內在家庭系統（The Internal Family Systems, IFS）提供了一連串答案來回應這類問題，幫助人們以不同的方式與自己建立連繫，進而「愛自己」。這套模式提供了具體方法與步驟，讓人們更能控制內心的衝動或自動化反應，並能將內在批評轉變爲支持的聲音，幫助我們擺脫無價值感。它不僅能有效降低腦中的噪音，也能營造輕鬆、平靜的內在氛圍，還能提升自信，在面對人際關係時，也能使我們的思緒更清晰、更有創造力。

IFS**幫助我們的第一步，是讓我們專注於內在**。這裡所說的「專注於內在」，指的是將注意力轉向自己的思考、情緒、想像、腦中浮現的畫面和感官體驗——也就是內在經驗。這對許多人來說可是很大的一步，因爲我們深受西方文化影響，習慣將目光集中於外在世界，一方面是爲了注意周遭的危險，另一方面則是爲了尋求滿足。這種對外在世界的關注其來有自，畢竟環境裡還有很多事物需要我們擔憂和努力爭取。但許多人之所以不願涉足內心世界還有另一個原因：我們害怕發現「裡面的東西」。

人們多少知道或懷疑內心深處仍潛藏著某些可能會壓垮我們、令人恐懼、阻礙我們發揮能力、讓人衝動行事、改變我們與人相處的方式、讓我們變得容易再次受到傷害……的記憶或感受。若是曾遭受羞辱並感到自己毫無價值，或曾在生活中遭遇失去與創傷，則更是如此。爲了避免重溫這一切，你總是讓自己非常忙碌或總有事情能轉移注意力，好讓痛苦的記憶不至於有機會浮現；你仔細安排自己的生活，以確保沒有任何事能觸發這些可怕的記憶或情緒；你努力讓自己的外表和行爲得體、努力證明自己的價值、控制人際關係的親疏、照顧每個人、讓他們喜歡你……諸如此類的。

麥可認為自己是個能力卓越的專業菁英，因此無法接受每次只要老闆一走進辦公室，自己的腦子就會變得一片空白；更讓他難以接受的是，老闆的存在竟讓他覺得自己如此生澀和無能。他知道這些感覺源於自己的內心，而不是因為老闆實際上對他做了什麼——事實上，麥可沒遇過這麼好的老闆。麥可曾試著在老闆走進辦公室前努力幫自己打氣，也試過呼吸練習，並責備自己太害怕，但都沒能解決問題。

瓊斯非常努力讓孩子們學會愛自己，卻也讓他討厭自己在面對兒子時偶爾會抓狂。瓊斯發現，自己有時會因為兒子做的一點小事（像是亂丟衣服或晚歸）而對他大喊大叫。他通常能察覺強烈情緒反應前的山雨欲來，卻還是無法控制；事後也總是因內疚而悔恨不已，但這種情況還是不斷發生。

儘管成就非凡，但凱爾依然為了根深蒂固的自卑感所擾。人們不斷稱讚他有多優秀，但他就是無法接受。儘管他在別人面前表現得很好，內心卻堅信，一旦別人認識真正的他，馬上就會厭惡他……在理性層面上，他知道自己很受歡迎，也試圖說服自己相信這一點，但強烈的無價值感仍然存在。

小金覺得自己的飲食已然失控。她嘗試過各種不同的飲食法、與營養師合作、展開新的運動計畫，然而只要甜食癮一犯，她總是無力抵擋。她討厭內心的聲音引誘她打開冰箱、拿出大盒冰淇淋，但就是抗拒不了誘惑。

伊莎貝拉抱怨自己只受壞男人吸引。明明許多好男人都對她有好感，但她只對「有魅力」的男人有感覺，而這些男人終究無法善待她，或是到頭來仍拒絕她。她覺得「自己注定一生心痛」。

這些人有什麼共同點？他們都是我的個案，也都因爲無法控制的情緒或衝動前來求助。不僅如此，經常與這些情緒和衝動搏鬥的他們，也會因無力掌控而感到憤怒。無法控制的衝動已經夠糟了，他們與之形成的關係——對此感到挫敗，並對擁有這種衝動的自己感到沮喪——更是深深侵蝕他們的自我概念，讓他們覺得自己毫無價值。我發現這種狀況經常發生。我們看待惱人念頭或情緒的方式不僅無助於控制它們，反倒會讓問題變得更複雜。正如一行禪師所說的：「如果我們因憤怒而生氣，就會同時擁有兩倍的憤怒。」

## 「那才不是我」？

爲了更清楚說明此一概念，讓我們用人際關係來做個類比：把憤怒想像成自己正在照顧的孩子。

假設這孩子並不受控——他每晚都會發脾氣。這已經夠糟了，再假設孩子的脾氣確實讓你苦惱，於是你不斷責備他、試圖把他鎖在房間裡，以免他在公共場合當眾讓你難堪；結果就連週末時，你也總是待在家裡，以確保孩子不會逃跑。也由於孩子的行爲，使你覺得自己是個糟糕的照顧者。然而你的所有反應都徒然讓孩子發脾氣的狀況變得更糟，因爲他察覺你只想擺脫他。這種與孩子相處的方式，只會讓問題吞噬你的生活，面對極端情緒和非理性信念時也是如此——它們已經夠棘手了，但我們的處理方式還常常讓事態更惡化，使生活痛苦不堪。

與思維或情緒建立連繫聽起來似乎有點奇怪，但這是無可避免的。思維和情緒與我們同在，我們勢必會以某種方式與它們建立連繫。就像面對家裡或職場中那些難搞的人，他們如何影響你，以及你如何與他們互動，都會導致不同的結果。

想想你對各種念頭和情緒的感受。也許你喜歡內心那提醒你完成所有待辦事項，並制定執行策略的聲音。你聽從它，視它爲動力來源，此時，這個聲音就像重要的助手；但當你放鬆休息時，同樣的聲音卻變得尖銳批評，說你懶惰，說如果你不回去工作，你就一無是處。

這時你有什麼感覺？你會如何回應它？如果你和大多數人一樣，就會把它當成壓榨員工的慣老闆，在心裡與它爭論：「少煩我！不能讓我好好坐著休息一分鐘嗎？放輕鬆一點！」或者你試圖透過看看電視、喝幾杯酒來壓制它。內心那個希望自己有所成就的聲音是個出色的幫手，卻是個糟糕的主人，所以你對它又愛又恨。

我們與許多不同的內在聲音、思考模式和情緒之間有著持續且複雜的關係，並與我們的人際關係頗爲相似。事實上，**一般所說的「思考」，往往是我們與內心不同部分的對話**。再舉一個例子：想像一位你所愛的人過世。你對內心的哀傷有何感受？也許你害怕自己無法負荷，也討厭它讓你沮喪。你試著把它鎖在心裡的某個角落，並避免任何可能觸動它的事物。你或許會不耐煩：「爲什麼過了這麼久，我還會這樣？我以爲我已經克服了一切。」你試圖在心裡流放它，但它還是反覆出現，趁你不注意時現身對抗、反擊。

與伴侶或好友發生爭吵時，你的哪個部分會變得極度防備？在爭吵中，那個部分突然凌駕於你，讓你透過它扭曲的、非黑即白的、責備或問罪的觀點看待伴侶或友人，導致你固執地不肯讓步，還口出惡言。後來，你終於發現自己太過分了，不禁要問：**「是誰接管了我的內心，還表現得如此令人討厭？那才不是我！」**

你對內心這個為自己辯護的聲音有何感想？或許你和大多數人一樣，雖然不喜歡它的某些面向，但由於爭吵會讓人感覺無比脆弱，於是依賴它的保護。你讓這個聲音接管一切，因為你相信，要是不這麼做，就會遭到伴侶或好友的羞辱。憤怒成了你強悍的保鏢，你喜歡它在身邊，但可不會邀它共進晚餐。

我在前面提到，所有來向我求助的個案都在與自己的內心交戰。他們受到功能失調的內在關係所困，而且毫不意外的，他們外在的人際關係也如出一轍。然而一旦改變了對自我和情緒的看法，以及與之互動的方式，他們就會發現：自己帶進諮商室的問題不但獲得了顯著改善，而且從整體來說，內心的混亂減少，變得更喜歡自己，也與生活中的其他人處得更好。

這是什麼樣的改變？一開始，這些人或是仇視、恐懼、與它們爭辯；或是試圖忽視、禁錮、擺脫它們；又或是屈服於這些感受和信念，並任由自己被淹沒。但現在，卻能對它們感到好奇並願意傾聽——最初的好奇心往往能帶來對情緒和思維的關懷（compassion），並嘗試幫助它們。

## 和自己內在的關係，會反映在與外界的關係

舉個我自己生活中的例子。在了解這種與自己建立關係的新方法前，每當我要對觀眾演講時，都會變得非常焦慮，不知道該怎麼做，人們才會喜歡我講述的內容。小時候，我曾在學校受到羞辱，導致有部分的自己困在過去，每次要演講時，都確信自己必然會再次受辱。諷刺的是，這種情緒往往會讓現實變成我害怕的樣子。因爲當焦慮占上風時，我無法做好充足的準備，還會顯得自信不足、口齒不清，導致最後得到的回饋正是我最焦慮、最擔憂的。

由於焦慮對我的表現產生了極大的負面影響，我自然有充分的理由將焦慮視爲敵人。只要一感到焦慮，我就會試圖安慰自己：**「別擔心，你知道自己在說什麼，**

**沒有人希望你出醜。更何況，就算失敗了，你的職業生涯也不會因此一敗塗地。」**

但這種理性的自言自語只能發揮短暫的效用，接著焦慮又會悄然而至，讓我沮喪不已，自我批評也跟著升級：**「爲什麼要這麼害怕？爲什麼你不能像其他人一樣，不費吹灰之力地完成這項工作？」**在演講開始前，我內心都會有這樣的衝突。一般來說，我的演講都能很順利地進行，但接下來的一週裡，我會不斷挑剔自己說過的每句蠢話或忘記分享的聰明高見。整件事變成了令人恐懼的可怕折磨。

現在，我已學會以不同方式與焦慮共處，讓演講之類的事成爲有趣的挑戰，而非可怕的磨難。焦慮浮現時，我不再試圖攻擊或忽視，而是對它抱持好奇，專注於它，提出問題。當我專注於這種感覺時，我發現自己的胃不再緊張地揪成一團，於是我繼續保持專注，同時向內心發問：**「你在害怕什麼？」**然後靜靜等待答案。

不過幾秒鐘的時間，我就聽到一個微弱的「聲音」（與其說是聲音，不如說是一連串意念）從我內心深處的暗角冒了出來：**「我知道自己一定會失敗，再次出糗。」**接著，過去的畫面浮現腦海——那是很久以前發生在學校的事。突然間，我對那個因準備不夠充分，而在眾人面前遭到羞辱的孩子充滿了憐惜。我抱著那男孩，告訴他一切有我在，而且他不是那個必須演講的人。我讓他知道，無論發生什麼事，我都愛他。他立刻平靜下來，胃部的糾結也解開了。整個內心小劇場只上演了不到一分鐘，我的心情就平復了；但這是由於多年前我曾花費數小時徹底了解內心的焦慮，並改變與它的關係。現在，只要稍微提點它一下，它就能感覺安心自如。

向情緒提問聽起來可能很怪，但你是否曾有類似經驗：明明感到憤怒或悲傷，當下卻不知道為什麼；結果過了一、兩天，答案就從心裡浮現出來？IFS提供了加速此一進程的方法，不但能幫助我們了解自己情緒低落的原因，也能找到安撫它們的方法，並了解它們的訴求。這是一種自我撫慰的方法，對大多數人來說，一旦明白了箇中訣竅，要做到並不難；**難的是面對自己習於憎恨和擺脫的情緒或信念時，要抱持好奇或關懷**。

乍看之下，這種做法似乎很荒謬。為什麼我們應該關注並試圖關懷那些讓自己自卑的內在批評、在高壓狀況下癱瘓思考的恐懼、突然占據全副心思並傷害他人的憤怒，以及內心那些因容易受傷而讓自己覺得一無是處的敏感角落？按常理來看，避免接觸，將這些想法和情緒全都禁錮起來、逐出意識之外，以免影響心情、讓我們能正常生活才合理吧？許多人就是受這樣的教導，認為這才是處理複雜情緒與信念的方法。但如果這種方法有效，你就不會讀這本書了。

這種方法奠基於一種誤解：我們的極端情緒和信念就是它們看起來的樣子。如果憤怒、恐懼、自我憎恨和自我價值低落，都只是受到干擾的情緒狀態或後天習得的非理性信念，那麼試著用自己的「意志力」將它們拒之門外、與它們爭論或用積極正面的思考來對抗它們，自然合情合理。在這樣的前提下，與它們建立專制、強迫或輕蔑的關係也是理所當然，因爲它們看起來像是內在的敵人。然而這種方法會產生一種不幸的副作用：你會與身邊那些體現出這些特質的人們建立類似的關係。你會對任何看起來害怕、自卑、羞愧或有攻擊性的人展現出批評或不耐煩的態度。

## 我們的情緒和想法遠比表面上看起來更複雜

透過本書，我希望能幫助你了解一件事：**我們的情緒和想法遠比表面上看起來更複雜**——源自於我稱之爲「部分」（Parts）的內在人格（或稱爲「次人格」）。

舉例來說，看似火爆的脾氣不只是一團憤怒，如果你專注在它身上，並向它提問，你可能會發現它具有保衛功能，除了保護其他脆弱的部分，也會與「想取悅所有人」的部分發生衝突。它可能會告訴你，只要你繼續軟弱和自我犧牲，這股憤怒就無法止息。你可能也知道它還有其他感受，例如恐懼和悲傷，但它認爲自己似乎得一直以「憤怒」這個角色來保護你。如果你提出要求，它或許會向你展現它在生活中被迫扮演保鑣時的情景，甚至有可能以某種形象或代表物呈現，例如龍、火山，或是魯莽的青春期孩子。最重要的是，它會告訴你該如何幫助它獲得釋放，好讓它不再陷於憤怒的角色中。在你的協助下，它能很明顯地轉變成某種珍貴的特質，讓你不再受壞脾氣所苦，反而更有能力以適當的方式維護自己的立場。

這兩段文字可能會讓你心裡某部分產生懷疑：「這聽起來眞的很奇怪。他說我體內有很多能跟我對話的小人。」我不會怪你持懷疑態度。一開始，個案跟我談論內心的「部分」時，我也是這種反應。但這是一件除非親身經歷，否則很難接受的事——除非你專注於內心，有意識地與自己的情緒與想法對話，並對隨之而來的答案感到驚訝，否則很難相信這一點。

我並不是要求你接受我的觀點，只是邀請你對這種可能性保持開放的心態，並進行屬於你自己的探索。你可以親自驗證我所說的話是否屬實——你可以讓內心的對手變成自己的盟友。也許這就是耶穌所說「要愛你們的仇敵」（《聖經・馬太福音》第五章第四四節）的意思。

**只要明白，內心那些令人不安的想法和情緒是內在人格的展現，並由於生活經驗的影響而被迫扮演極端角色，就能幫助我們以不同的方式對待它們**。我們很容易就能對過去曾爲你勇敢地挺身而出，最後卻束縛在憤怒角色的少年，或是害怕再次受到羞辱的小男孩心生憐惜。這種認知讓我們開始扭轉自己與內心不同部分，以及各部分之間失調的內在關係。一旦內在各部分感覺到更多的接納、更少的威脅或攻擊，就會轉變爲最自然且珍貴的狀態。

這麼做還有一項額外的好處：**我們將發現自己更能接納那些曾讓自己困擾的人，情緒也不再容易受他們干擾**。由於我們學會了如何關懷與這些人相似的內在部分，因此能以同理心與他們共處，有時甚至會發現這些人也有所改變；或至少我們對他們的看法，以及與他們的關係已經不再如昔。

試想：如果公司的領導者與自我的關係有所改變，職場將會發生什麼變化？如果他們討厭內心想放慢腳步、享受生活的那部分，就會對那些幹勁不如他們的員工失去耐心。如果他們想擺脫不安全感和焦慮，所營造的氛圍就會讓人們害怕表現出脆弱，擔心因此丟掉飯碗。如果他們因犯錯而自我攻擊，那麼所有人都會假裝完美。如果他們害怕內心的批評，也就會害怕別人的評價，並讓自己任人宰割。但另一方面，如果他們能以關愛的態度與內在部分建立連繫，整個公司就能充滿同理和接納，讓所有人更容易以憐惜與自己的內在部分及他人建立連繫。同樣的過程也適用於你的內在家庭。

這種與自己相處的新方法是強迫不來的。意思是，命令自己對內在部分感到好奇，或假裝關心它們都是行不通的。你得眞誠才行。那麼該如何才能做到這一點？

這引出了一個問題：要與這些內在部分建立關係的「你」是誰？你的本質究竟是什麼？

## 了解自己與生俱來的智慧

我最奇妙的發現是，當人們進行這項程序時，就能釋放我所說的「自我」

（Self，在IFS中會使用大寫的「S」）或「眞我」（True Self）。當人們聚焦於自己的極端情緒與想法，並在這個過程中與之分離時，他們會自發性地展現出某種特質，使他們成爲內外兼修的優秀領導者。人人似乎都擁有好奇心、關懷、平靜、自信、勇氣、清晰度、創造力和連結性等核心特質；「自我」則是靈性傳統中所謂的靈魂，不過大多數心理治療並不談論這一點。你的自我被掩埋在恐懼、憤怒和羞愧（這輩子注入你內心的所有極端情緒和信念）之下，導致你甚至有可能不知道它的存在。

如果你和大多數人一樣，可能只在某些時刻才會稍微瞥見自我的影子。也許是在創造性或體能活動中、在美麗的日落時分，或是與孩子們天眞的玩耍中「迷失了自己」；或是曾在攀岩等需要全身心投入的極限活動中，發現自己與內在部分及它們彼此之間持續不斷的對話突然停止了。你可能視之爲全然喜悅與深度平靜的片刻，又或是你曾有與比自己更偉大的事物連結的短暫體驗，以及伴隨這種意識而來的幸福感。你可能認爲這只是混亂且喧鬧的意識流裡的偶發現象，甚至可能認爲自己就是噪音，而不是噪音底下的寧靜。但如果那種平和、快樂、緊密相連的狀態就是你眞正的樣子呢？這會如何改變你的自我概念？

除了短暫的平靜和喜悅，如果你能在日常活動中、甚至與他人發生衝突時，也長時間處於這種狀態，又會如何呢？最後，如果在這種自我狀態下，你不僅感覺愉快，還能自然而然地展現出某些特質，例如純粹的好奇心、開放的同理心、清晰的感知，以及關於如何與內在部分及周圍人們和諧相處的直觀智慧，又會如何呢？如果這一切都是眞的，你的生活可能會大不相同。

我有個好消息要告訴你：這一切都是眞的。

本書是基於「內在家庭系統」這種心理療法所寫成的。之所以如此命名，是因爲將每個人內在的不同部分比喻成家庭成員。IFS治療師首先會協助個案聚焦並了解保護著內心的各部分。接著，請個案要求這些部分放鬆，讓它們（的感受和信念）與個案分離，以便在內部騰出更多空間。在這種情況下，個案自然而然就會表示能平靜面對自己的內在部分，並懷抱好奇和憐惜，而這正是「自我」所具備的特質。我不用要求個案試著感受這一切，當各部分放鬆並與自我分離時，這些特質就會自然顯現出來，宛如被釋放般。

舉例來說，哈桑很害怕自己心裡的「評價者」。打從他有記憶起，就一直感受到它（不斷批評）帶來的重擔。當他將注意力放在評價者身上時，發現它就在自己腦中，也表示對它的厭惡。我要求他將注意力轉移到討厭評價者的那個部分，並要求該部分與哈桑分離。

那個憤怒的部分同意這麼做。我問哈桑，現在他對評價者有何看法？哈桑用更平靜、更自信的聲音說道：「我想知道，爲什麼它覺得有必要對我這麼做。」他說自己對它的印象已經改變了。一開始，它看起來就像是個巨大而凶猛的父親形象，但現在它縮小了很多，外觀也年輕了很多。哈桑不再被評價者嚇倒，並開始傾聽評價者的心聲，說它有多努力想讓哈桑表現得完美，這樣別人就無法輕易批評他；也相信如果自己的批評能讓哈桑感覺挫折，他就有辦法承受其他人的負面評價。

聽著這些話，哈桑漸漸對評價者保護他的努力產生感激之情，也對它所背負遭拒絕的恐懼感到同理。當哈桑告訴評價者自己的感受時，這曾經冷血的折磨者崩潰了，並在哈桑抱著它時哭泣。正如詩人里爾克（Rainer Maria Rilke）所寫：「也許生命中的所有的惡龍都是公主，等待我們有朝一日展現美麗和勇氣。也許生命中一切令我們恐懼的事物，內在深處都在無助地等待我們給予關愛。」

一旦擺脫了恐懼，哈桑就知道該怎麼幫助內心的評價者。當怒火消散後，我幾乎不需要任何引導，哈桑自己就能接手，似乎知道如何幫助它。這是ＩＦＳ治療中常見的情況：**我們似乎都擁有一種與生俱來的智慧，能夠療癒自己的情緒；困難之處在於如何獲得智慧。**ＩＦＳ提供了清楚、務實的方法以做到這一點，幫助我們更常展現「自我」。ＩＦＳ提供了一種全新且令人振奮的自我概念，一種能清晰有效地理解並處理情緒和想法，並將更多自我領導（Self-led，意指「自我」成爲內心世界的領導者）帶入日常生活的方法，如此一來，我們就能更常處於深度平靜與喜悅之中，並在這種狀態下與他人建立連繫。實現這些目標的第一步，是幫助你意識到：**你比別人告訴你的還要有能力許多。**

# 練習 1．看見你的內在家庭

## 察覺內在家庭的關係

花些時間思考你與不同想法、情緒或內在聲音所形成的關係。以下清單是大多數人曾經歷過，且有時感到困擾的內在部分。讀完每一項之後，思考一下你與該部分的關係如何：你對它有什麼感受？經歷這些狀態時，你內心做了或說了什麼？你如何成功將它從你的生活中趕出去？以及你與它的關係對生活有多大影響？

- 批評外表或表現的內在聲音
- 在高效能的要求下，會讓思緒停滯的焦慮
- 暴飲暴食的衝動
- 對伴侶產生嫉妒心或占有欲
- 渴望親密
- 擔心腦中所閃現關於未來的最糟情況

- 因某人故去或離開你而產生的悲傷
- 縈繞不去的自我價值低落感
- 告訴你還不夠努力、不讓你放鬆的聲音
- 讓你不敢承擔社交風險，並降低個人活力的恐懼
- 想照顧所有人而忽略自己的衝動
- 需要不斷查看社群媒體的衝動
- 遭遇傷害時湧出的憤怒
- 容易受傷的敏感情緒
- 一旦沒有其他事物能占據心思，或無人陪伴時，就會覺得孤單
- 知道別人做得比自己更好時，就會感到挫折的好勝心
- 想控制一切人事物的渴望
- 深刻的無能感
- 將自己隱藏在快樂或「在一起」的面具後
- 內心不允許任何錯誤或瑕疵的完美主義者
- 批評他人的念頭

・坐在電視或電腦前，或是賴在床上的惰性
・就連小事也覺得難以負荷的絕望感
・不滿意自己的生活、地位或成就
・認為自己在人生中總是受害者

我想你至少能在清單上發現一些難以接受並想擺脫的想法或情緒。也許你已經擺脫了一些，不至於經常經歷它們或認為自己就是那種人。請從清單中選出讓自己反應最強烈的一項，並思考改變自己與這個部分的關係有多難。你能想像自己帶著好奇接近它，並嘗試傾聽，而非責罵或驅趕嗎？好奇心通常是第一步，因為除非你了解它之所以如此的原因，否則很難產生同理心。當你考慮改變內在家庭的關係時，哪些恐懼浮現心頭？

## 思考自己究竟是誰

你對人性的根本信念是什麼？我們在本質上是否自私且好鬥？或是你有與此觀

點相悖的個人經驗？如果你接受「我的核心自我本質是善良、明智、勇敢、富有關懷、快樂且平靜的」，你對自己的看法會如何改變？花幾分鐘想像一下，如果每天都能更大量地汲取這些特質，並相信這個平靜、快樂的自我就是真正的你，生活將會有何不同？思考一下這又會如何影響你在個人、職場或學校生活中的人際關係，以及自己未來可能做出的選擇。

## 思考自己的多重性

花一秒鐘的時間，試著想像：自己的思想和情緒來自於內心的獨立人格。當你思考這種可能性時，內心會產生什麼恐懼？由於對思覺失調症或多重人格障礙（現在稱為解離性身分疾患）等疾病負面且駭人聽聞的描述，或是一想到體內存在獨立自主的個體，就覺得這表示我們無法完全控制自己，導致人們對自己內心存在著獨立人格感到恐懼。

如果能暫時拋開這些恐懼，請思考一下擁有不同內在部分可能的好處。如果你確信自己最令人厭惡、最輕蔑的想法或感受，實際上來自於內在的某個微小部分，而非自己的本質，那會是什麼樣子？如果你說「我的某部分感覺」，而不是「我感覺」，那麼對他人揭露自己的羞愧感時，會是什麼感受？如果你全然相信這些部分與你的真實自我不同，且身為「自我」的你能幫助它們轉變，又會怎麼樣呢？

## 第二章

# 自我能幫助你整合

若想朝著釋放「自我」的方向前進，你得先知道它的存在。如果你不知道自己到底是誰，就不可能活出自己眞正的模樣。你會忽視任何能體驗「自我」的機會，將其視爲失常或幻覺，並奉自己所學到的限制性自我概念爲圭臬。

當被問及如何用一塊大理石創造出宏偉的大衛像時，據說米開朗基羅表示：「我知道大衛就在那裡，只是需要有人把他釋放出來罷了。」若你知道自己擁有如大理石般的宏偉本質，只是被鈣化僵固的情感和信念包裹起來的話，你就能設法釋放這種本質；但如果你不知道它的存在，你就會退而求其次，生活在這層保護殼裡。

在這一章，我們將探討「自我」這個概念，它是ＩＦＳ的核心，也是大多數人最難完全接納的部分。相信自己的本質是純然充滿喜悅、平和，且能展現眾多出色的領導力和療癒特質、覺察靈性上的連結……這些想法很可能與你對自己的認識背道而馳。

自我之旅

## 西方觀點裡的人性

西方文化中有著各種關於人性的觀點，卻都不怎麼鼓舞人心，其中最典型的就是「原罪論」。此一概念是聖奧斯定（Saint Augustine）所提出的，自他的時代以來，基督信仰無不對此推崇備至。根據這項觀點，由於亞當和夏娃犯罪墮落，使得人類背負著「生來有罪」的詛咒，並具有卑鄙、自私的特質。人類激昂的情緒正是罪性的證據，因此終其一生都必須努力克制激情和衝動，並提醒自己天生的劣根性。雖然許多當代基督徒已不再抱持這種立場，但它仍深刻影響西方文化對人類的看法。事實上，原罪的概念並不存在於聖奧斯定之前的基督教，甚至有許多初期基督教領袖抱持相反的信念，或可稱之爲「原初祝福」（original blessing）。

另一種同樣極具影響力的觀點，來自十九世紀自然學家達爾文的演化論。新達爾文主義的人性觀相當接近原罪論，只是多了科學色彩。這種觀點認為，我們的自私本性是基因的產物，是為了幫助我們在競爭激烈且充滿敵意的環境中努力求生存。我們可以看到，某些最有影響力的心理學觀點都反映了關於墮落與「自私基因」的文化迷思。例如佛洛伊德的學說、行為心理學和演化心理學告訴我們，人類的所做所為都是為了盡可能享樂或拓展基因庫。這種基本上視人性為自私或有罪的觀點，導致我們用嚴厲、懲罰性的手段來控制我們的內在部分和其他人。

另外，發展心理學認為，我們的基本天性取決於父母養育的方式。如果你很幸運地在早期發展的某些關鍵時期獲得了「夠好的」養育，你就能在童年時培養出一定的「自我強度」（ego strength）；但如果沒有，那就算你倒楣，除非你能從治療者或重要他人那裡得到矯正性的養育體驗，否則你仍是有缺陷和病態的。

「如果我們具備任何有價值的特質，必然是外在世界灌輸給我們的」是另一種普遍且有影響力的觀點，也是在西方教育體系中主導學習理論的基礎。我們認為自己必須學習道德、同理心和尊重，因為這些特質並非與生俱來的。這種哲學觀教導我們聚焦於外在世界，以滿足自己的需求，也鼓勵助人工作者嘗試為個案提供他們認為個案「缺乏」的東西，而不是幫助個案在自己身上找到這些特質。這些認為人類受外在環境宰制、有所匱乏和無知的觀點，促使人們不斷尋找合適的「專家」來解決這些問題，也讓助人者必須承擔起教師或家長的角色，而非鼓勵人們負起責任，領導自己的內在部分和生活。

## 你以為的自己可能不是真正的自己

先簡單描述一下我得此結論的過程，說不定能幫助你接受「我們對自己了解有誤」的可能性。

我在一九七〇年代末開始擔任諮商師時，認爲自己必須爲個案提供重要的見解和建議。在我看來，有問題，就表示他們缺乏了什麼，並付錢要我提供這些東西。我也從文化中吸收了一套憤世嫉俗的觀點，認爲人們（包括我自己在內）基本上都是由自私和恐懼所驅動的，臨床訓練也讓我學到「人性充滿病態」的觀念。儘管我曾瞥見「自我」的樣貌，卻未對其存在的可能性持開放態度。

就像許多其他六〇年代的年輕人，我曾嘗試以靜心擺脫內心的喧囂。當我專注於誦念禱文時，我的心平靜下來，也能察覺到自我的其他面向，但缺乏一個能理解它們的框架。此外，我也是個運動員，偶爾會在足球場和籃球場上進入那種美妙、飄飄然的狀態。在那個當下，我覺得自己心如止水，而且身體動作不會出任何差錯。然而就像其他人，大部分時候，我都致力於對抗從內心深處滿溢而出的自卑感。我相信內在聲音所說的：基本上，我懶惰、愚蠢又自私。我以爲眞實的自己就是這樣。

後來，當我在執業過程中幫助個案探索內心世界時，透過目睹發生在他們身上的事，我獲得了關於「自我」的知識。一九八〇年代初，我是個滿懷熱誠的家族治療師，相信透過系統性思維以理解並改變家庭結構的家族治療，就是心理諮商的終極解答。和當時大多數家族治療師一樣，我對自己或個案的內在生活沒有什麼興趣。因爲我認爲，要解決當事人的問題，只要讓他們改變與其他家庭成員的關係就好了，沒有必要審視他們的內心。但個案的反應卻不如預期，我遭遇了十九世紀生物學家赫胥黎（Thomas Huxley）所說「醜陋的事實扼殺了美麗的假設」。這個事實就是：**無論如何改善、重組家庭關係，人們仍深受內心世界所影響**。

出於這種挫折感，我開始向個案提問，好了解究竟是什麼想法和感受讓他們反覆陷入相同的困境。有幾位個案開始談論自己內在的不同「部分」，彷彿這些「部分」是獨立存在的聲音或次人格。

比方說，有位名爲安雅的個案談到自己內心的悲觀者和批評者。每當她採取正向積極的行動時，這些聲音都會在一旁唱著不幸與憂鬱的旋律。她還說自己心中有其他部分會與這些不看好的聲音爭論，卻也有些部分只是感到丟臉和無能爲力。她認爲，這種羞愧和無能感才是「眞正的安雅」。

身爲家族治療師，我對這些內心的掙扎很感興趣。我開始要求安雅和其他個案模仿我試著改變家庭衝突的做法，來改變這些內心的聲音。換句話說，如同前面所描述的，我開始聚焦於安雅與其思考和情緒的關係。

## 第一次聽見內在的聲音

安雅和許多其他個案似乎眞的能與這些想法及感受交談，彷彿與眞實人物對話般。我請安雅問內心的悲觀者：爲什麼總是說她做不到？令我驚訝的是，安雅說，悲觀者表示，它只是想阻止安雅冒險並受傷，所以才告訴安雅她不可能成功；換句話說，事實上它試圖保護她。這似乎是一次大有可爲的互動。如果這名悲觀者眞的懷抱善意，安雅或許能跟它商量，請它轉換成不同的角色。

但安雅對此不感興趣。她對悲觀者很生氣，還要它少來打擾她。當我問安雅爲什麼要對悲觀者這麼無禮時，她長篇大論地傾訴了悲觀者如何把她生活中的每一步都變成了絆腳石。這時，我突然意識到，我並不是在與安雅說話，而是與她內心不斷與悲觀者抗衡的另一個部分交談。在先前的一次諮商中，安雅告訴我，她內心一直有場持續不斷的戰爭：其中一方努力推動她實現目標，另一方則是不斷說她的努力都是徒勞無功。看來在安雅與悲觀者交談時，那個鼓勵她前進的聲音出現了。

我請安雅專注在「對悲觀者非常憤怒」的那個聲音，並要求它停止干擾她與悲觀者的協商。再次令我驚訝的是，那個聲音同意「後退一步」，而安雅也立刻擺脫了幾秒鐘前仍強烈的憤怒狀態。當我問安雅「現在對悲觀者有何看法」時，她的回答簡直就像換了個人似的：她用平靜且充滿慈愛的聲音說，她很感激它試圖保護自己，也爲它必須這麼辛苦而感到抱歉。她的表情和姿勢有了變化，聲音裡透出溫柔和憐愛。從那一刻起，與悲觀者的談判就變得很容易了。

後來，我也請幾位個案嘗試這種「後退一步」的方法。有時我們得請兩、三個聲音不要干涉，才能使個案進入與安雅類似的狀態，但最終還是做到了。我開始爲這樣的發現雀躍不已：不僅是內在其他部分，就算是與家人、雇主或任何人談判時，如果人們只要開口，就能讓極端的聲音後退一步，結果會如何呢？但如果後退的是如同安雅與其他個案那樣富有同理的部分，又該怎麼辦？

當個案處於那種平靜、懷抱同理的狀態時，我問他們內心出現了什麼聲音或部分，結果所有人都給了我類似的答案：「那裡和其他聲音所在的部分不一樣。」「這才是眞正的我——是我的『自我』。」

一九八〇年代初期的這項偶然發現（當我協助個案與極端情緒和信念分離時，他們馬上就會自發性地展現「自我」）既令人困惑，也令人興奮。在某些情況下，他們會突然展現超乎我預期的自我強度。其中某些個案並未在幼年時期得到夠好的養育，還每天遭受折磨和貶低；有些則是從未曾獲得擁抱或安慰——他們的童年就是充滿恐懼和屈辱的惡夢一場。那麼他們究竟是從哪裡獲得這些突然湧現的特質？總不可能是從兒時所仰賴的施虐者身上習得吧！

這讓我開始質疑發展心理學和學習理論的假設。我想知道，我們是否有可能天生就具備這樣的特質，不需要從環境中習得？爲什麼西方著名的心理學、哲學和宗教如此徹底地低估人性？我花了數年時間，與數十位個案測試了這種可能性，並一次次發現，一旦將內在部分分離出來，「自我」的特質就能主動展現，這才讓我釋放了自己根深蒂固的偏執，並完全接受一項令人興奮的信念：人類內心存在著超乎我們過往想像的潛力。由於西方心理學中幾乎找不到任何學說來證實這些正面的看法，於是我開始另闢蹊徑，最後發現：在世界各地不同的靈性傳統中，其實都曾提及我在個案身上遇到的「自我」。

## 諸神的祕密

根據一則古老的印度教傳說，諸神曾商量要把平安與喜樂的祕訣藏在何處。祂們不希望人類在還沒準備好欣賞這些特質前就發現它。一位神祇說：「藏在最高的山上吧。」另一位則說：「不，這樣人們很快且很輕易就能發現。」還有一位神建議將其隱藏在最茂密的森林深處，但因爲同樣的原因遭到否決。在多次建議和否決後，最有智慧的神說：「**把它藏在人類心中吧，那是他們最不會去探索的地方。**」

眾神都表示同意，事情就這麼定了。

諸神是非常睿智的。尋找平安和喜樂時，許多人最不願意前往的地方，就是自己的內心。我們不斷在外界尋找，像是從親密關係、職業、購物、旅行、大師、自助團體與上帝的恩典中尋求。幸好幾個世紀以來，世界各地仍不斷有人向內探尋，才終於發現了眾神隱藏的祕密，其中包括世界上各種宗教的密傳（esoteric）或神祕主義——這裡的「密傳」指的並不是異國情調或「遙不可及」的東西。這個詞來自希臘語「esotero」，意思是「內心深處」，指的是更深入觀察人們內心的傳統，與那些追求符合社會要求、重視外在的宗教相反。

雖然各自使用的詞語並不相同，但這些群體都在說同一件事：我們是永恆火焰的火花，是神聖海洋的一滴，也是絕對存有的展現。但由於許多人並不探索自己的內心，因此我們對眞正的自己知之甚少。一旦學會認識眞實的自我，我們就會找到平安喜樂。

我閱讀某些密傳教派的著作（包括大乘佛教和伊斯蘭教的蘇菲派）時，逐漸意識到，當我希望人們與自己的「部分」分離並互動時，竟意外帶領他們進入某種意識狀態；而這種狀態正是傳統上透過靜心和其他技巧所希望達到的——我偶然發現了諸神的祕密。

## 當內在部分退後一步時，你會發現什麼？

事實上，專注於內在的某個部分並要求它「退後一步」的做法，和靜心時抽離思緒並觀照內心的想法十分類似。比方說，內觀（vipassana）是佛教一種很受歡迎的靜心形式，包括單純觀察內心浮現的每個念頭或情緒狀態。越是注意到要後退一步，而不是成爲或認同自身思緒和情感，就越能放鬆，成爲一個沒有思緒和情感的「自己」。佛教稱這種狀態爲「空性」或「無我」，一般來說，是指沒有自我或內心不受制約的境界——我稱之爲「合一」（no parts）。知道內心有這樣一個特殊所在的，不止有東方宗教傳統，身爲二十世紀最重要的宗教學家之一，同時也積極提倡宗教對話的多瑪斯．牟敦（Thomas Merton）曾寫道：

「如果我們走進自己的內心，找到真正的自我，並『超越』內在的『我』，就能駛入無邊黑暗，在其中面對『我是』（I am）的那位全能者。我們內心深處的『我』存在於神裡面，神也在其中擴張。因此，基督宗教的神祕體驗不僅是對內在自我的認識，也是讓我們真實經驗神就存在於我們裡面。」

牟敦發展出「歸心祈禱」（centering prayer），這是一種在西方基督徒中廣泛流傳的默觀祈禱練習，這主要歸功於熙篤會隱修士們和神學家托馬斯．基廷（Thomas Keating）神父的努力，他認爲「上帝和我們眞正的自我並不是分離的」。貴格會稱此爲「內在之光」（Inner Light）；佛教徒稱之爲「本覺」（rigpa）或「佛性」；印度教徒稱爲「阿特曼」（atman）或「本我」；十四世紀的基督教神祕主義大師艾克哈（Eckhart von Hochheim）稱爲「上帝種子」（God seed）；對蘇菲派來說，這是存在於我們內心的神，是我們的「摯愛」。

無論你是否相信神就住在你心裡，或者認爲這只是一種更高層次的意識，世界各地的信仰傳統都有一項共同的信念：我們內心有這麼一個角落，要進入它並不困難。不同傳統會以不同的語詞來描述「自我」狀態，例如內在的智慧和慈悲同理、自由、輕鬆、釋放、穩定、清晰感；當我的個案請他們的內在部分後退一步、讓「自我」獲得釋放後，也會展現出以上這些特質。人們知道這種平靜狀態的存在已經長達數個世紀，而我說這種狀態就叫「自我」。

但這種狀態並不是靈性追求者的專利，就算不追求靈性修行的人，也已認識到拒絕心靈噪音的好處。《像藝術家一樣思考》一書的作者貝蒂・愛德華（Betty Edwards）發現，在這種狀態下，人們的繪畫能力比自己想像的要好得多。作家提摩西・高威（W. Timothy Gallwey）曾寫下包括《比賽，從心開始》在內的許多書籍，描述運動員在這種狀態下的表現。生理回饋理論的創立者艾默和艾莉絲・葛林夫婦（Elmer and Alyce Green）發現，當人們的大腦發出 $\theta$ 波（一種深度放鬆、充滿想像力的狀態）時，能對原本以爲無法控制的生理機制展現顯著的控制力。這項發現促使心理學家尤金・佩尼斯頓（Eugene Peniston）訓練酒精成癮者的大腦發出 $\theta$ 波，進而成功戒酒；這項發現也開啓了透過生理回饋訓練治療多種疾病的可能。心理學家米哈里・契克森米哈伊稱這種狀態稱爲「心流」，他發現這種狀態是各種富有創造力與高績效者特有的體驗。

因此，很明顯的，這種覺察「自我」的狀態不只能讓我們心平氣和地觀察世界，也不只能讓我們超脫俗世，還具有療癒、發揮創意和提升表現的特性。當個案進入「自我」狀態時，他們不只是被動旁觀自己的內在部分，更開始以創造性和療癒性的方式積極與它們互動。

個案安雅和其他人除了開始以內在各部分需要的方式與它們建立連繫，也發揮萌生而出的同理、清晰思考與智慧，以了解並關懷這些內在人格。安雅內在的悲觀者需要知道，雖然安雅曾受過很深的傷害，不得不變得退縮，但它已不再需要用這種方式保護她。悲觀者這樣的次人格就像內心創傷的受害者，被困在過去，思考也凍結在痛苦的時刻；其他部分需要的則包括了安慰、愛，或單純只是傾聽。我們太習慣於戰鬥、對抗，並希望擺脫這些部分，以至於根本不知道它們到底是誰。

最令人驚訝的是，一旦進入自我狀態，個案似乎就會知道該怎麼說或怎麼做，好幫助每個內在部分。我也漸漸發現，我不必告訴個案如何以不同方式與「部分」的思考和情感建立連繫——他們或是主動去做內在部分需要的事，或是開始提問，從而找到幫助它們的方法。我主要的工作是幫助個案持續處於自我狀態，不要妨礙他們成爲自己內在家庭的治療師。

## 自我領導，讓你能眞正做自己

我還發現，當個案進入自我狀態時，除了與內在部分的關係改變，他們也開始以不同的方式與周遭的人建立連結。在開始使用IFS前，大多數個案都有某些內在部分並不相信自我在外在世界有什麼領導力，因此相信必須由自己保護系統，才使得它們跳出來處理各種外在經驗。他們就像親職化兒童（parentified children），不相信父母有能力解決問題，於是勇敢承擔超出自身能力範圍的家庭責任。

隨著內在部分開始相信自我能在外部世界發揮更多作用，要不就是個案的人際關係變得更和諧，要不就是找到勇氣離開有害的關係；面對危機時的過度反應變少了，也不再那麼被過去困擾自己的情緒事件淹沒。

經過這一切，個案會說，自己現在已經明白，感到不安的只是內在的某個部分，而不是全部，所以他們不會再被該部分混合（blending，意指讓該部分握有主導權，以它的視角看事情），而是專注在它身上，並試圖給予安慰。雖然並非總能成功地讓情緒平靜下來，但正因爲意識到自我和部分的不同，才能讓他們的注意力更加集中——知道暴風雨總會過去，自我會再次出現，一如陽光再度普照。

了解「自我」後，就能察覺出身邊人們的自我是否展現或消失：一個處在自我領導狀態的人，很容易就會被認出來；換個方式來說，腦中會浮現這樣的畫面：燈亮著，有人在家。其他人則會形容這樣的人開放、自信、包容——有存在感。面對一個處在自我領導狀態的人，你馬上就會覺得很自在，覺得放鬆和展現自我是安全的，也會聽到這樣的評論：「我喜歡他們，因爲我不需要假裝。和他們在一起，我可以做我自己。」

從對方的眼神、聲音、肢體語言和散發出來的能量，你知道自己所面對的，是一個眞實、可靠、樸實無華的人。你因爲他們不帶任何目的、也不亟於自我推銷的氣質所吸引；你也喜歡他們對生命充滿熱情、致力於爲他人服務的態度。當一個人處在自我領導的狀態時，就算沒有道德或法律規則的強迫，他們也能做出正確的事。他們天生富有同理心，也有改善人類處境的動力，因爲他們意識到，所有人都是彼此連結的。

每當我開始描述自我領導會展現的特質時，我都會覺得自己不夠好；雖然我可能在某些時候體現其中的某些特質，但更多時候，我覺得自己與這樣的人相去甚遠。我認爲，某些組織化宗教的問題之一，就是將聖人的形象高舉爲追隨者的榜樣；但除了透過意志力或祈禱之外，幾乎沒有提供實現此一目標的實用建議。結果除了使人們長期感到自卑，也對自己沒那麼進步的情緒和思考生氣。

爲了避免落入這樣的陷阱，重要的是記住：很少有人能持續且完全處於自我領導狀態。在坎坷的人生路上，我們都會遭遇不同程度的拒絕、羞辱、拋棄、創傷，也都背負著許多痛苦和恥辱，以及受文化傳統所強化的保護策略。我們不再信任自我，並戴上各種面具。在這些痛苦與羞愧完全排出，在我們心中的保衛者完全放鬆前，自我領導充其量只能曇花一現。

我們得循序漸進地邁向自我領導，無論內在或外在，都要慢慢累積進入心流的時刻，並在這個過程中漸漸發現：當我們對憤怒敞開心胸時，自己並不會被消滅；當我們停止擔憂時，天也沒有塌下來。我們可以安慰受傷的內在小孩，而不是被他們壓垮或放逐。作家瑪格莉．威廉斯（Margery Williams）在童書《絨毛兔》中這樣幫助我們理解這個意義深遠的觀點：

「什麼是『真的』呢？」絨毛兔問。

「它是突然發生的嗎？還是一點一點發生的？」

「它不會突然發生，」皮革馬說：「你會慢慢改變，但需要一段很長的時間。這也是為什麼它不常出現在那些容易壞掉的、有尖銳造型的，或是需要小心保存的玩具身上。一般來說，當你變成『真的』時候，你大部分的絨毛會因為備受疼愛地撫摸而掉落，眼珠會掉出來，接合處會鬆脫，變得破破舊舊的。但這完全不要緊，因為一旦你變成真的，就不會有人嫌你難看，只有那些不了解你的人才會這樣覺得。」

ＩＦＳ提供了一條通往更眞實的道路——增強自我領導。它可以幫助你學習如何不易「壞掉」、軟化「尖銳造型」，而且不必這麼小心翼翼地對待自己。這並不總是一條快速簡便的道路，但大多數人不必等到毛髮磨損、眼珠掉落，就已經開始覺得好多了。確實，一旦進入自我領導，你就會知道自己不可能是醜陋的，還可以幫助那些因他人影響而自覺醜陋的部分。

話說回來，希望我幫助他們增強自我領導的人很少。個案找上門來，往往是因爲受到他人、事件，或是自己的情緒、想法或症狀的影響。當他們認識「自我」、解開與這些影響有關的內在關係時，就會發現：除了想處理的問題得到了改善，還有額外的收穫——看待事物的整體觀點和能力也有了變化。他們能在生活中擁有更多「自我」。

## 「自我」的特質

接下來，我們來看看「自我」的特質。

正如先前所說的，世界各地的神祕學派一致認爲我們內心有此狀態；而這些理論大多也都認爲，語言並不足以捕捉這種「自我」的概念。或許眞是如此，但由於不同的人都說明了相似的經歷，也在進入這種狀態時表現出相似的特質，這讓我們有辦法描述這些經驗和特質的各個面向。

爲了讓此一討論更容易釐清，我認爲有必要區分人們在靜心時（沉浸在大海中，被海洋吸納），以及在「自我」積極主導日常生活時（成爲海洋中一朵單獨的浪花）的狀態。與海洋合而爲一般的狀態其實不容易描述。靜心時，人們會覺得一切彷彿無邊無界，宛如與宇宙融爲一體，不再感覺自己是個獨立存在的個體；同時還伴隨著身心的開放感，讓人體驗到極大的滿足和幸福。

人們通常會感覺到體內有一股能量或溫暖的脈動流過自己的身體，甚至會覺得體內或周圍有光。隨著靜心的深入，人們會經歷不同的層次和階段（不同的密傳系統對此都有探索與描述）。我提及這些的目的不是爲了讓你熟悉那些空靈的境界，而是爲了幫助你將這種覺察、開闊感和能量帶入日常工作與人際關係中。

那麼，當人們帶著「我知道自己是誰」的姿態生活，他們會展現出哪些特質？而自我領導的特質又是什麼？

我並不知道這個問題的完整答案，但在幫助人們進一步實現自我領導二十年後，我可以描述個案在日益體現「自我」時所表現出來的樣子。在我篩選各種形容詞以捕捉這些觀察結果時，我反覆想到以「C」開頭的單詞，因此，接下來我們將探討自我領導裡的八個「C」：平靜（calmness）、清晰度（clarity）、好奇心（curiosity）、關懷（compassion）、自信（confidence）、勇氣（courage）、創造力（creativity）和連結（connectedness）。

## 平靜

自我領導伴隨著一種深入身心所有角落的平靜感。許多人，尤其是經歷過創傷的人，往往覺得身體持續處在緊張狀態，彷彿壓得很緊的彈簧，這讓他們變得高度警戒和煩躁。如果你也是如此，這種興奮的生理狀態將導致你在面對他人時反應過度，且無法眞正放鬆。

你的思考也會反映出這種狀態，思緒和衝動到處亂竄。用佛教的比喻來說，這種狀態就像猴子，一隻過動或喝醉酒的猴子。當「自我」浮現時，你將發現身心的活動減緩許多，連帶使得自己不至於反射性地做出極端回應。你心裡的猴子變得溫順，沉浸在煩惱與責任減少所帶來的喜悅中，因爲你相信「自我」能處理好外在世界的事。面對憤怒，你不會被常見的「戰或逃或僵」的反應淹沒，而能保持內心平和。許多人儘管外表看起來很平靜，內心卻躁動不已。人們被迫把自己的痛苦隱藏在平穩、深思熟慮的外表之下，但那是僵住不動，不是冷靜。

這意思並不是說，當你進入自我領導時，就能以佛陀般平靜超然的狀態立身處世。你和其他人一樣，乘坐在人生的雲霄飛車上，只是過去讓人緊張的旅程漸漸變得有趣，有時痛苦，有時快樂。過去的你或是被所有情緒徹底淹沒，或是與所有情緒完全隔絕，但現在，你能體驗到情緒的波濤洶湧，也能保有絕對不會被捲走的平靜核心——一如颱風眼，那就是你的「自我」。

## 清晰度

我將清晰度定義爲**「遭遇各種事件時，不因極端信念和情緒扭曲的認知能力」**。換句話說，就是用「自我」的視角來看事情。身爲經常接觸飲食失調者的人，我知道內在部分對認知的影響力有多大。舉例來說，厭食症患者照鏡子時，他在鏡子裡看見的卻是一個胖子，而這不過是我們經常抱持的扭曲觀點中，一個比較極端的例子。再舉個例子，請回想一下自己迷戀某人的經驗，也許我們一直對某些明顯的危險訊號視而不見，直到這個人做出傷人的舉動，我們才看見對方的缺點，甚至不知道自己以前到底喜歡他哪一點。一個睿智的故事恰如其分地說明了這種現象：

一名男子丟了斧頭，他懷疑是鄰居兒子偷的。他覺得這男孩走路像賊，樣子像賊，說話也像賊。過了不久，這個人在谷地耕田時找到了遺失的斧頭，當他再看到鄰居的兒子時，這男孩不論是走路、樣子，或是說話，都與其他孩子沒有兩樣。

換句話說，我們很少以新鮮的、開放的觀點看待人事物，因爲我們會根據過去的經驗與當下的願望，快速且自動地得出結論。俗話說，只要拿著鐵鎚，什麼東西看起來都像釘子。

比方說，我的個案克勞斯是個非常渴望結婚的人。他的內在部分會立刻對他遇到的每位女性進行評估，好知道她們是否爲可能的結婚對象。此外，由於克勞斯覺得自己年幼時曾遭到母親排拒，所以他內心那個負責防禦的部分也會評估每位可能的伴侶是否像媽媽（意即「是否危險」）。但讓事情更複雜的是，克勞斯一直希望能獲得母親的接納，所以他還有另一個部分希望能找到像母親一樣的伴侶，這使得他只會受到像母親的女性吸引。他遇到的所有女性，都會在不知情的情況下被他的「伴侶搜尋雷達系統」掃描並歸類，裡頭則有各種互相矛盾的分類，而她們本人的特質也因此遭到扭曲或忽略。跟他約會過的女性會抱怨自己接收到許多不一致的訊息，並表示克勞斯並不眞正了解她們。她們說得一點都沒錯。

要讓克勞斯眞正認識這些女性，就需要讓這些內在部分與對它們所投射的期待後退一步，讓「自我」開始與她們建立關係。若能做到這一點，才會擁有佛教所說的「初心」。在這種觀點裡，由於沒有先入爲主的成見和投射，內心才能容納許多可能性；相較之下，「專家」的內心則充滿了限制認知與可能性的信念——我們的內在部分經常認爲自己是最了解這個世界的專家，但**自我始終懷有初心**。

## 好奇心

初心除了擁抱許多可能性，也讓我們對世界充滿新鮮感。只要我們不以先入爲主的觀點看待事物，就能永保好奇。就像勇於探索的孩子，我們對人們及其反應充滿了純然的興趣。就算人們對我們生氣，如果我們對他們的看法並沒有被過去類似經驗的感受所蒙蔽，自然會對他們的憤怒感到好奇。而當我們問「爲什麼生氣」時，他們也不會在提問中感受到恐懼或論斷，單純只是好奇。

這種好奇心是IFS的核心。它不只能連結自我與他人，也能與內在聲音建立關係。當我們能對自己最鄙視的內在惡魔（例如蔑視、種族歧視和自我厭惡）產生不帶偏見的好奇心時，就會發現：這些內在對話其實頗爲發人深省，且極具變革性。佛教稱這種以隨緣開放的態度面對內在思考及情緒的好奇心爲「正念」，而他們也有許多修行方法能發助人們發揮「正念覺察」。

這種純粹、質樸的好奇心能讓人卸下心防。內在部分會意識到不再需要自我防衛，因爲它們知道，我們只是想試著理解它們。由於它們想要的多半就是獲得理解，所以沒有理由繼續保持憤怒或防禦；相反的，還很樂意講述自己的故事，並覺得自己被一個不試圖改變它們的人傾聽。在本書中，這就是「見證」的涵義——帶著單純的好奇心，向一個人或某個部分提問並傾聽，並期許自己展現下一項特質：關懷。

## 關懷

當我們對他人的看法不再被（恐懼或需要他人接納的）內在部分扭曲，就不會受它們自我保護的方式所影響。接著，好奇心能引導我們看見憤怒或疏離的另一面，並了解它們所保護的是什麼樣的傷口。

爲了澄清關懷的涵義，我想比較一下它與憐憫（pity）和同理心（empathy）的差別。當你帶著憐憫，一看到有人受苦，便會為他們感到難過；但同時，有部分的你慶幸那個人不是你。你的大腦正忙著思考：為什麼你不會犯下和他們一樣的錯，進而遭遇痛苦？憐憫既包括保護性的疏離，也包括某種程度的居高臨下。你雖然對受苦者感到悲傷，內心卻與對方保持一定距離。

至於同理心，則是當你看到他人受苦時，因為具備一定程度的自我意識之故，所以你覺得自己的某部分也在遭受同樣的痛苦，並能理解受苦者的痛。在某種程度上，對方和你是一樣的。同理心讓你敞開心扉，產生幫助他人的強烈欲望。但同理心的危險在於，一旦過度同理，就會產生一股「非得幫助對方減輕痛苦」的壓力。由於你無法忍受自己受苦，所以也無法忍受他人在痛苦中度過。過度同理的另一項常見後果，是與他人保持距離，因為他們的痛苦反而會讓自己受到過多傷害。

至於關懷，則是看見他人受苦時，你能有所共鳴，但也知道他們內心存在著「自我」，一旦釋放，就能減輕痛苦。一旦人們減輕了自己的痛苦，就能學會相信自我，也能學到痛苦帶給他們的任何教訓。換言之，**關懷是盡一切可能促進他人釋放「自我」，而不是追求治癒他人的痛苦**。關懷讓人得以敞開心扉陪伴受苦者，卻沒有想改變他們的衝動，或是想跟他們保持距離。這種「自我的臨在」（Self-presence）往往能幫助他人釋放自我；當然，在某些情況下，例如受身體疼痛或疾病所苦時，是無法釋放自我的。這時候的關懷則是先協助對方治療，並期待疼痛緩解後，就能啓發對方進入自我領導。

此外，當你越來越能處於自我領導的狀態——越來越能意識到自己是海洋，而不只是海浪——你和他人之間的疏離感也會跟著減少。隨著我們與內在的連結加深，幫助受苦者與痛苦製造者的願望也會油然而生。這種反應源於一種直觀的理解：他人的痛苦會影響我們自己，因爲在某種程度上，他人和自己是一樣的。不過對大多數人來說，這並不是一個會出現在意識層面的思考，因爲人們更容易受到生活必須「做更有意義的事」的概念吸引。從一行禪師的詩作〈請以我的眞名呼喚我〉的某些詩句中，我們可以很清楚地看到因察覺到彼此連結而產生的關懷之情：

> 我是烏干達的孩子，皮包著骨，腿細如篙。
> 我也是販售軍火的商人，向烏干達推銷致命武器。
>
> 我是十二歲的小女孩，小船上的難民，

遭海盜玷汙後投身大海。
我也是海盜，我的心仍無力去看，去愛。
請用我的真名呼喚我，好讓我醒來，
打開我心內之門，慈悲之門。

## 自信

自我領導的人能在憤怒面前保持冷靜和清醒的原因之一，是因爲他們相信，無論發怒者怎麼說，都不意味著他們是壞人或將永遠受傷。我們之所以採取防衛姿態，不是因爲別人的攻擊，而是因爲這可能會觸發我們內心的批評，進而點燃童年所累積的無價值感和恐懼感。無論我們現在遭受何種輕視，都會在內心掀起漣漪，並回想起過去所累積的類似傷害。我們害怕的不是當下的事件，而是過去傷痛的回聲永無止盡。任何有可能證實我們對自己最深恐懼的事件，都能令人害怕不已。

一旦人們治癒了自己脆弱的部分，內在的批評者就能放鬆，防衛也會降低。人們之所以能感覺自信，是因爲自我確實已治癒了這些部分，並展現出保護的能力，或在這些部分再度受傷時給予撫慰。在這種情況下，你不再那麼容易受到過去的挑撥，因爲這些事件不會再觸發對過往傷害的迴響；相反的，你能自信地應對當前情況（即使確實有可能涉及危險或痛苦），並相信自己能處理或修復所發生的一切。你能採取適當的措施保護自己，而不至於過度反應；就算與某人的互動讓你受傷，你也能滋養內心受傷的部分。

這與我們社會化後展現的傾向恰恰相反。我們將那些受傷的部分關起來，努力「放下，不要回頭，繼續前進」，但這種觀念不僅讓我們累積了越來越多的痛苦重擔，還拋棄並孤立了內心那些有如孩子般的受傷部分，而不是滋養它們。這種策略導致我們對自我越來越沒信心，變得更容易受到周圍環境的傷害，從而產生更多的保護欲，以及感覺自己不過是個格格不入、疏離、寂寞的個體。

對自我而言，信心還有另一層意義：**當我們知道自己是海洋的一部分，而不只是孤立的一朵浪，就能讓人體驗何謂恩典**。「恩典」是個很難定義的詞。在基督教傳統中，恩典被視爲來自上帝的禮物或祝福；但在本書中，它與信任有關，正如我的一位個案所說：「我被愛，我就是愛。不管事情看起來有多糟糕，一切都會沒事的，並照它應有的方式解決。」若能對生命本質的良善美好懷有信心，就能敞開心胸接納世界之美，並渴望能每分每秒體驗這種美好。但如果缺乏這種信心，就很難長時間活在當下，並好好體驗美，因爲你的心思會被追求生存或滿足的未來計畫所占據。

擁有這種自信的人是有魅力的（charismatic，又一個以「C」開頭的詞），這裡所指的不是浮誇、聰明或強大，而是如同希臘人最初對這個詞的定義——天生從容優雅。當一個人處在自我領導狀態時，他們便擁有眞正的魅力。

## 勇氣

美國知名律師暨社會改革倡議者克萊倫斯．丹諾（Clarence Darrow）曾說：「我們能做到最符合人性的事，就是讓受苦者得安慰，使安逸者遭痛苦。」而「自我」具備做到這兩點的勇氣。

人們可能認爲，自我「一切都會沒事」的從容感會導致冷淡與被動，對生活中的不公逆來順受，但這不是自我的本質。「自我」清晰的思路使人們很難否認不公或忽視痛苦；其關懷心則會引導人們反抗暴政，爲受壓迫者而戰。它的話語能爲絕望的人帶來希望；它的能量也能滲入壓迫者的城牆，讓這些高牆逐漸崩塌。

因此，每當人們表現出任何自我領導的跡象時，施虐者就會發動攻擊。施虐者知道，唯有這麼做，他們才能繼續控制別人，而這也就是爲什麼幾乎所有曾遭受性虐待的個案都表示，每當他們展現出神采奕奕、自動自發或獨立自主的樣子時，都會遭受言語或肢體上的懲罰。這使得他們開始害怕自我，並將之拒於門外。

事實上，自信和從容不會讓人變得被動，反而會產生完全不同的效果。如果我們知道自己沒那麼脆弱，就不會害怕攻擊；如果我們相信自己能承擔後果，就更容易鼓起勇氣；如果我們知道每個人都是同一座海洋中的一道浪，就更能挑戰不公不義，而不是批評這麼做的人。雖然目前爲止，我們已經強調了「自我」關懷與滋養的那一面，但更重要的是，「自我」的能量也可以是強大、具保護性的。例如武術，它所培養的正是「自我」保護他人的能力。

我們可以不帶批判地堅定表達自己的立場，因爲我們知道，無論施暴者做出怎樣的行爲，他們內在都有「自我」，我們的目標是喚醒它，而不是透過批判進一步增加他們的重擔。正如人權領袖馬丁路德．金恩所言：「我們必須了解，鄰敵的惡行、傷害人的行爲，永遠無法眞正展現他的眞實面貌。即使在最強大的敵人身上，也必然存在一絲美善的特質。」

他還在其他地方提到：

我們必須知道，敵人的負面行為並不代表這個人的一切。他的惡行並不能等同於他整個人。

……當我們了解鄰敵的邪惡行為不代表他們的整體時，我們就有能力撇開他們醜惡的舉動，選擇去愛。

勇氣不僅僅是爲弱勢發聲，認識到我們對他人造成的傷害並嘗試彌補，往往需要更大的勇氣。清晰的思路能幫助我們看清自己所做的事，而如果我們有信心，就能明白犯錯並不代表我們是壞人。我們會勇敢且好奇地聆聽對方的故事，眞誠地道歉，並了解可以如何修復傷害。當一個人處在自我領導的狀態時，不僅有行動的勇氣，也有爲行動負責的勇氣。

隨著個案的「自我」逐漸浮現，他們也越來越能展現出勇氣的另一個面向——

願意面對自己的痛苦和恥辱。個案的內在旅程經常涉及進入內心深處最令人恐懼的地方，去見證那些過去曾試圖淡化，甚至完全抹滅的事件。這樣的見證，往往能讓人對自己於外在世界的重要關係有更清楚的認識，並決心改變；而這些變化有時需要在財務和情感上冒點險。看見需要勇氣，根據所見採取行動也需要勇氣。

## 創造力

許多科學家、發明家和藝術家常說靈感是突然出現的，完全來自於潛意識的直覺，而非理性思維努力的結果。爲了提升人們的創造力，研究人員試圖利用生理回饋等技術以平息內在的噪音，並進入更深沉的狀態。正如作家安．拉莫特（Anne Lamott）所說：

> 當你為直覺留出空間，不再讓理性思考喋喋不休，你就能找回直覺。理性思考無法滋養你。你以為它能給你真理，因為理性思維是我們的文化所崇拜的偶像。但事實並非如此。理性排擠了許多豐富、有趣、迷人的東西。

我與個案的經驗證實了這一點。隨著內在噪音的減弱和自我的出現，他們開始發現這種具創造性的智慧；長年無解的問題突然有了解決方案，而這通常需要非主流與跳脫框架的思維。當他們仍受制於對生活和關係設下滿滿規則的部分主導時，是不可能發生這種事的。自我似乎有種與生俱來的智慧，知道如何在關係中（無論是與周圍的人或與內在部分）營造和諧氛圍。自我彷彿天生知道如何照顧他人，並有採取這種行動需要的清晰度、關懷與勇氣。

此外，當人們不再被內心批評和對他人認同的擔憂所困時，就會感覺自己更有能力，也更渴望進入「心流」；在這種狀態下，自然而然就能發揮創造力，並沉浸在創意活動帶來的喜悅中。他們往往會產生一種感覺：身在這裡，是爲了有所貢獻。當他們確實朝著這個方向前進時，也能感到極大的寬慰。

但我必須再次重申本書主題：光是獲得內心平靜還遠遠不夠。爲了實現眞正的自我表達（Self-expression），需要有勇氣釋放封鎖在內深處、所有具備創造力的部分。安·拉莫特深諳此道：

然而，如果只是坐在田野裡露出欣喜的微笑，迴避憤怒、傷害和悲傷，就無法獲得這些真理。你的憤怒、傷害和悲傷是通往真相的道路。除非我們走進那些被告知不要進入的房間、壁櫥、森林和深淵，否則無法發現太多真理。當我們深入其中，環顧四周，呼吸，最後接納眼前的一切時，我們就能用自己的聲音說話，並活在當下。那一刻，就是回家。

## 連結

隨著越來越能展現「自我」，自然會發現到自己越來越能與周遭所有人的自我產生緊密連結。由於想強化這些連結似乎是自我的本性，因此人們經常發現，自己會花更多時間與那些能感受到自我的人在一起，並放棄那些使自己難以感知這些連結的關係與活動。

在上一節裡，拉莫特所說的最後一句話「那一刻，就是回家」，也適用於你與他人建立「自我與自我」連繫時的感受。當你終於遇到一個眞正知道你是誰的人，除了能帶來久旱逢甘霖的感覺，還能帶來一種解脫感，因爲你得以摘下厚重的面具，不再需要刻意給對方留下深刻印象，或是隱藏眞實的自己，讓「自我」的光芒得以閃耀。醫師暨作家瓊恩・波利森科（Joan Borysenko）曾在書中描述與一位因愛滋病而瀕臨死亡的男性建立「自我對自我」連結的體驗；

一番漫無邊際的談話後，山姆看著我的眼睛，說：「我從未感覺如此平靜，如此安全。」我流下了淚，同樣在這種更大的意識和靈性自我中感到安全。山姆握著我的手，說了些「我的孩子們一定很愛我」「他們有多麼幸運」之類的話。我結結巴巴地說不出話來，我知道他瞥見了我內心深處就連對摯愛也不總能展現的某些東西。正是我們之間的關係，使得內在光芒不再被隱藏。我之所以能展現自我，只因為此刻他也展現了他的自我。內在的喋喋不休、懷疑和反覆的思慮都消失了。我們在彼此身上看到了上帝。我們都不關心自己的外表如何、是否伶牙俐齒，甚至此刻就是世界末日，我們也毫不在乎。我們在此時變得完整，所有故事也都已經說完。在這寶貴的時刻，我們的生命因此有了目的和意義。

對大多數人來說，這些神聖且難忘的時刻太罕見了。一旦進入自我領導狀態，這種連結除了不再遙不可及，也更有可能實現，這是因爲一個人的自我會吸引另一個人的自我。也許音叉是個更好的比喻：當你處在「自我」中，其振動會觸發他人的自我。當別人的自我出現時，你也會卸下防備，因爲你知道自己不會遭到批評或控制，你的自我自然會出現。由於不再害怕受到傷害，就更有可能建立自我與自我的連結，因爲你有信心能迅速修復因拒絕造成的任何傷害。

除了增加與他人以及與自己內在部分的連結（橫向連結）外，你也可能越來越覺得自己能與宇宙或大自然合一。我發現，隨著內在各部分的放鬆與自我的釋放，人們也開始感覺到與大地的縱向連結，並被進一步開啓這種可能性的活動和人吸引。知名神經科學家佛朗西斯科・瓦瑞拉（Francisco Varela）的話語概括了這種連結狀態：

> 當我們與自己「開放的內心本質」、與自己的空性連結時，我們就會對其他人產生巨大的吸引力。若其他人與我們身在相同狀態或正要進入這種狀態，他們便會與我們產生共鳴，並立刻對我們敞開心門。這種狀態——與他人深度連結，心門敞開——就在那裡等著我們。這種感覺就像盯著一幅錯視圖，我們要做的就是瞇起眼

睛，看見它一直在那裡。我們要做的，就是發現彼此原是合一的。

這是自我領導的八個C。還有其他以「C」爲首字母的詞彙，例如覺察（consciousness）、滿足感（contentedness）和恆心（constancy），我曾考慮將它們納入其中，但我認爲上面這八項特質已充分涵蓋了它們。至於自我的其他重要特質，包括快樂、幽默、寬恕、慶祝和感激，並無法被上述詞彙描述。

另外還有一長串以「C」爲開頭的詞語，描繪了自我被淹沒在噪音和情緒之下的情況，包括：封閉（closed）、困惑（confused）、思緒渾沌（clouded）、阻滯（clogged）、擁擠（congested）、混亂（chaotic）、怯懦（cowardly）、順從（compliant）、自滿（complacent）、自負（conceited）、如電腦般死板（computer-like）、挑剔（critical）、對抗（confronting）、渴望（craving）、殘忍（cruel）、憤世嫉俗（cynical）、輕蔑（contemptuous）、控制（controlling）、脅迫（coercive）、霸道（commanding）、高傲（cocky）、強迫（compulsive）、勾結（colluding）。

## 練習2．與內在部分對話

### 從自我出發

想想你生命中的某個人，你對他關上了心門。對方也許是傷害過你的人，於是你決定不再信任他；也許這個人的某些特質惹毛了你。在心中選定對象後，想像那個人待在一個房間裡，而你站在外面，透過窗戶向內看著他。注意自己看著對方時的感受，你可能會感到憤怒、冷漠、恐懼或忍不住批評他。

現在，將自己的注意力轉移到那種感覺上，問問它：是否願意在你待在外頭的時候和你分開一會兒，哪怕只是幾分鐘——以這種方式跟感受對話似乎很奇怪，但既然是練習，不妨一試，看看結果如何。

在你要求這種感受與你分離後，如果你覺得它的能量消失了，請注意接下來內心會出現什麼與房間裡的對象有關的情緒或想法。如果不是好奇、接納或關懷——換言之，如果出現的感覺或想法並非來自「自我」，那麼同樣要求下一種感受或想法離開。

進行這項練習時，如果你覺得自我保護的情緒或想法並沒有減弱，請問問它們，是否擔心分開的話會發生什麼事。有時候，這些內在部分之所以不想離開是有原因的：為了不讓我們再次以脆弱的姿態面對房間裡的那個人。你可以向它們保證，你不會進入這個房間，也不會在現實生活中冒險與對方往來。你只是想簡單了解一下，當它們讓你專注於當下的情況時，會發生什麼事。

如果負責保護的部分確實離開了，你可能會開始經歷自我逐漸浮現的某些跡象。也許你突然對這個人為什麼傷害你感到好奇；或是你能從對方的角度來看事情，也更理解他的行為。但也許你仍然不想接近對方，卻也覺得沒必要改變它們。請注意對方的形象是否發生了變化，也許已經變得不那麼令人厭惡或具有威脅性。

如果你認為進行這項練習之所以有效，很可能是因為本章的內容給你下了暗示，不妨請一位完全不知道本章內容的人試試看。

這項練習的目的很明顯，就是要讓你意識到，自己的內心擁有關懷和自信的本質，即使面對一個被自己拒於門外的人，這種本質也能自然展現。這項練習有助於引導你發現與內在情感及想法對話的可能性。如果你能尊重它們、回應它們的恐懼，它們多半也能更尊重你的要求。換句話說，這項練習能讓你以全新的方式與自己相處。

## 路徑練習

請別人讀這段練習的說明給你聽，說不定會有更好的效果。

首先選個放鬆的姿勢，並進行幾次深呼吸。想像自己正位於一條路的起始點。它可以是任何一條你熟悉的路，也可以是自己從未走過的路。在你前往這條路上的任何地方之前，在起點與你的情緒和想法（你的內在部分）會面，並要求它們留在那裡，讓你在不帶著它們的情況下走上這條路。

如果它們害怕讓你離開，請向它們保證，你不會離開太久，而且彼此都能從這次經驗中受益；或是看看你能否安排讓不害怕的部分來照顧害怕的部分。如果某些部分仍害怕讓你離開，那就先別動身，花些時間與這些部分討論它們的恐懼。它們到底在擔心什麼——萬一允許你獨自離開，會發生什麼事？但如果你感覺它們允許你走，那就上路吧。

當你前進時，請注意你究竟是「看著」自己走在這條路上，還是「覺得」自己正走在路上，看不見自己的身影，而是在觀察或感覺周遭的環境。如果是前者，那就表示某個部分還在。請找出害怕讓你繼續前進的部分，讓它放鬆後回到起點；如果它不願這樣做，就花點時間探索它的恐懼。

繼續前行時，請留意自己是否在思考任何事情。如果是的話，同樣讓這些想法回到起點，這樣就能逐漸進入更純粹的覺察狀態。請不時確認自己是否在思考，如果有，溫柔地將想法遣回起點。每當一個部分離開你時，也請觀察自己的身心發生了什麼變化。注意你感受到的周圍空間大小，以及在你體內流動的能量類型。

當你覺得自己遠離內在部分，也在路上走得夠久後，就可以準備回到起點。看看當你再次接近內在部分時，能否持續感受周遭的寬闊與體內的能量。回到起點時，請看看這些部分在你離開的這段時間過得如何，以及它們可能需要你提供什麼協助。這個過程完成後，請感謝內在部分願意讓你離開（如果它們這麼做了）；但就算它們沒這樣做，也請感謝它們表達了對你離開的恐懼。

然後再次深呼吸，並伴隨著呼吸回到外面的世界。

與前一項練習相同，路徑練習有幾個目的：一是讓你稍微了解眞實的自我究竟是什麼樣子——脫離平常的思考和情緒後，你會是什麼樣子。離開內在部分時，大多數人都會有類似的經驗：感覺更輕鬆、更平靜、更開心，有時甚至感到快樂無比，且活在當下。人們之所以練習靜心，就是爲了達到這種狀態。

這條路不過是個想像裝置，幫助你撥開意識的表面，深入探索如汪洋般的「自我」。但與其他靜心技巧不同的是，這項練習讓你明確地與各部分協商。誦念禱文或專注於呼吸也有類似的效果，能讓內在部分放鬆，但這項練習可以更直接地達到目的，使你有機會傾聽特定部分的需求。

當人們第一次嘗試這項練習時，常會發現自己的許多部分不允許他們離開。若你也遇到這種情況，不要難過，這僅僅意味著你的內在部分在這個特定的環境和日子裡並不覺得足夠安全。如果內在部分不讓你離開，那麼你可能已經達成了這項練習的另一個主要目標：發現那些害怕與你分離的部分，並了解它們害怕什麼。透過這項發現，你能了解有哪些重要的部分需要你伸出援手，並能開始按照本書後續章節所描述的方式來處理。

有些踏上這條道路的人會注意到自己仍在思考，並發現自己過於認同某些部分，以至於認爲這些部分就是「我」這個人；換句話說，他們把一個或多個部分誤認爲「自我」。發現這種「模仿自我的部分」（也稱爲「類自我部分」）的存在可能會非常令人沮喪，因爲它們的存在對你的身分認同造成挑戰。但最終，找到這些模仿自我的部分並減輕它們的重擔，總是珍貴和令人感到自由的。

同樣的，我也想說明一下「覺得」自己正走在這條路上，而不是「看著」自己走在路上的問題。如果你在想像練習中看到自己走在路上，那麼你體驗到的將只是某個內在部分的感受，而不是「自我」的。你的自我應該才是那個觀察者，並占據意識的終極地位，因此你不可能「看見」自我；要是你還能看見自我，那觀察者到哪裡去了？本書的其他練習會邀請你深入內心與內在部分互動。當你這樣做時，請確保你並不是在觀察自己進行互動，而是身臨其境。

當你更熟悉如何幫助內在部分相信與你分開很安全之後，你可能不再需要像「一條路」這樣的想像畫面；你可以創造一個自己更喜歡的意象，或是發現只要留意自己的內在部分，它們就會放鬆下來並與你分離。靜心的其中一種形式，就是引導參與者做到這一點：只要留意浮現出來的任何想法或感受就好，並專注於呼吸。

當內在部分更信任你時，你會發現，與內在部分分離、進入「自我」狀態的能力顯著提升，如此一來，就越來越能在生活中處於這種狀態。至於要花多久時間，取決於內在部分承受了多少重擔（外部世界注入「你」這個系統裡的極端想法和情緒），而不是靜心的頻率；雖然靜心很有幫助，但卸除重擔的過程，才能幫助你釋放自我。

## 第三章

# 探索你內在部分的運作

我們的問題在於搞不清自己的認同。西方文化灌輸了一堆有關「自己到底是誰」的觀念，但在內在喧囂與情緒波動背後，眞正的自我遠比我們所相信的更強大。先讓我們將焦點轉向內心的喋喋不休與動盪的情緒吧。你無法單憑意志力就讓自我肩負起領導內在部分的角色。相反的，你必須讓主導著生命且保護欲旺盛的內在部分相信，交給自我來領導是安全的。在本章中，我們會認識內在部分，並了解它們如何運作。

讓我們回到安雅以及我執業初期遇到的一些個案身上，他們用「內在部分」這種說法來形容內心極端的情緒與思考，彷彿心裡住著一整群彼此對抗又各自獨立的次人格。當時我還沒察覺到，原來我心裡也存在著獨立運作的人格。和大多數人一樣，社會化讓我相信心智是合一的，且由一個充滿智慧的部分主導，並成功掩蓋其他部分。我認爲，所有內心住著多個自主人格的人，必定患有嚴重的心理疾病，於是我開始擔心這些個案患有解離性身分疾患或其他嚴重的心理病態。

直到我開始專注於自己的內心，並傾聽自己長期以來的思考與感受慣性後，才改變了想法。我發現，內在部分會以不是我自己構思或幻想的方式回應我。憤怒的部分與批評我的部分互相討厭；某些我稱之爲「思考」的過程，原來是不同部分間的爭戰。比方說，如果我忘了幫妻子做某事，內在的批評者就會開始攻擊我是個不體貼或自私的人；接著憤怒的聲音就會出現、爲我辯護，說妻子理應提醒我。

當我逐漸認識這兩個部分後，我發現：每當自己犯錯，心中基本上都會浮現相同的爭論：也就是說，我內心的聲音出奇地一致。我的個案並未展現任何解離性身分疾患的經典症狀，但無論是他們還是我，心中都存在這些喋喋不休的人格，且這些人格並非憑空捏造或想像出來的。在一次又一次、一週又一週、一個月又一個又一個月的諮商中，個案們對於不論是畫面、故事或各部分關係的描述，都出現了驚人的一致性，讓我無法歸咎於「一切都只是他們的想像」。

## 對抗內心的仇敵

在勝過對內在部分的恐懼後，我興奮不已。要是每個人心中都存在這些想爭奪靈魂控制權的角色，會發生什麼事呢？要是我能像幫助家庭那樣，幫助這些人格和睦相處呢？在我回答這個問題前，讓我先談談如何進一步認識這些內在部分。

對我來說，這一點都不容易。在我的個案中，有些人只要專注於內心，馬上就能清楚看見不同部分的形象，但我只能模糊地感受到它們。我發現這一點大致上是正確的：對某些人來說，這個過程就像在看一部充滿迷人角色的電影；而對於其他像我一樣的人來說，一切都有些模糊、不甚清楚。不過，越認識內在部分，我們就越能了解內在世界的複雜性，也會明白自己爲什麼厭惡某些部分，依賴其他部分。

爲了對內在部分有更具體的討論，請試著想像：你走進一個房間，裡面有著不同年齡的人。你立即開始打量這群人，並依照第一印象對他們產生先入爲主的判斷。有些人看起來又吵又煩，有些則軟弱而黏人；還有些人似乎企圖掌控整個群體。最初，你決定只跟自己認爲最有魅力或與自己最相似的人待在一起。

把想像力再往前推進一步吧。某天，你認爲這個團隊需要更多領導力，而你想成爲領導者，結果發現，不同成員之間其實長期存在著衝突。每當你跟其中一人說話時，另一人就會覺得你在選邊站，於是嘗試影響你，好讓你討厭原先想打交道的對象，並敬而遠之。這種持續不斷的干擾讓你很難眞正認識他們，但漸漸的，你終於能與每位成員對話，也發現自己原先的第一印象都是錯的：那些有魅力的人並非沒有瑕疵；而最初不屑一顧的那些人，也都有不爲人知的資源與吸引力。隨著你對他們的了解逐漸超越他們的僞裝或扮演的角色，你對他們的觀感和與他們的關係都會改變。

這就是許多人探索內心世界時所經歷的。他們開始與自己的內在部分建立連繫，彷彿它們與房間裡的人一樣眞實，並發現即使是自己認爲不好的部分，也能對接納有良好的反應。人們也發現，隨著內在世界變得更和諧，外在生活也有所改善，但在一開始，我還不知道這些效果。

爲了更清楚認識個案的內在部分，我用了一種名叫「空椅法」的療法，讓個案想像他們正與坐在面前那張空椅子上的某個部分交談，然後互換位置，讓內在部分能出聲回應。比方說，我讓安雅想像某個尖酸刻薄的部分就坐在空椅子上，並與它交談。她問它，爲什麼對她如此惡劣；接著我讓安雅換位置，讓她以批評者的身分回答。安雅（做爲批評者）露出傲慢的表情，並以低沉而且十足嘲諷的聲音說：「因爲你是個一無是處、無能的人。」

安雅成爲批評者後的戲劇性轉變令我惶惑不安，於是我很快讓她回到原本的椅子上。她坐在那裡，軟弱無力地與批評者爭論，但顯然無法匹敵。我決定接替安雅，讓安雅再次成爲批評者，我則開始對批評者指出安雅其實能力出眾的各項證據。面對我的說服，批評者不僅絲毫無動於衷，還輕蔑地嘲笑我：「你要是覺得自己幫得了她，就表示你也很無能。她沒救了，而且也逃不出我的掌控。」

我自然上了當，結果花了好幾次諮商的時間與這個內在部分搶奪主導權。我嘗試過各種方式，鼓勵安雅在諮商以外的時間嘗試把批評者趕出腦海，比如把它關進想像中的箱子裡，或是只想著自己正面的特質與成就；又或者重複說出自我肯定句，並叫批評者閉嘴，但這一切都只讓批評者變得更咄咄逼人、更加壯大。安雅越來越消沉，這讓我很擔心。最後，我放棄了。我告訴這個部分，我明白無論是我或安雅都控制不了它，所以我們不會再嘗試了。但我很好奇，爲什麼它這麼堅持要讓安雅覺得自己一無是處？難道安雅對自己感到滿意，會讓它害怕發生什麼事嗎？這時，批評者的態度明顯軟化，然後說它「確信安雅會變胖」。

放下要改變這個部分的想法，單純展現好奇心，反倒讓它卸下了防備，並揭露自己的困境。批評者說自己拚命激勵安雅，包括告訴她，要是不繼續努力，一定會變胖。和許多女性一樣，受到文化對身體意象的有毒標準影響，安雅很害怕身材走樣。因此批評者認爲，自己有責任讓安雅無論外在或表現都要完美，才不至於遭人排拒。批評者也談到，安雅的內心還有縱情享樂的部分，要是讓它們主導，安雅要不就是暴飲暴食，要不就是整天賴在床上不動。批評者又說，安雅心裡還有個部分是受傷的孩子。從小，安雅看起來就比其他孩子更「大隻」，並因此覺得自己被其他小孩排擠。批評者迫切想保護這些受傷的部分、阻止其他想享樂的部分，並在這樣的爭鬥中筋疲力盡，渴望好好休息。

與安雅的批評者交手的過程，讓我學到了一個重要教訓：對於這位批評者，以及其他個案身上相似的內在部分，我一直「以貌取人」。我只留意到這些角色被迫扮演的角色，並先入爲主地以爲憤怒的部分就只是一團生氣的情緒、暴飲暴食或酗酒的部分代表個案的衝動、像家長一樣的批評者則是個案心中父母的化身……因爲我以爲，它們就是第一眼看上去的樣子，且沒有什麼能力改變，於是我鼓勵個案與它們對抗。在我挑起的內在戰爭中，安雅並不是唯一一個節節敗退的例子。然而，當我能幫助個案們停止內心的戰爭，並對這些看似魔鬼的內在部分懷抱好奇心時，這些部分所陳述的故事，幾乎都與安雅的批評者類似。

以下這段逐字稿摘錄自我和另一位個案瑪格達的諮商，更能讓我們清楚地看到如何與內在部分互動。瑪格達是位世故且事業有成的女性，年約五十出頭，她想處理的問題很讓我驚訝。

瑪格達：我總是擔心自己表現得不夠聰明。這種感覺有時沒那麼煩人，就像是背景的噪音，忽視它不是什麼問題；但有些時候，這種想法會完全壓垮我，讓我動彈不得，也說不出話來。

史華茲：這會在什麼情況下發生呢？

瑪格達：通常是與非常、非常聰明的女性在一起的時候。在那種狀況下，我常會覺得自己提不出任何好的意見，於是整個人僵在那邊。

史華茲：好，所以你想擺脫的是僵在原地的反應，還是恐懼？

瑪格達：要是我能免除這種反應的話，我的人生就會變得更好！因爲儘管某種程度上我有辦法處理這樣的情況，有時候也能擺脫這種反應，但它還是在消耗我……你知道的，就是覺得自己被它拖垮，就算知道該說什麼，也說不出口。我想改變這一點！我已經這樣子很久了！

如同我在第一章談到的個案，瑪格達與這種讓自己定格的恐懼形成了長期的不健康關係。爲了擺脫這種恐懼，她試過了所有想得到的方法，卻都是徒勞無功；但她從未想過，原來她需要的，不過就是傾聽它的聲音，而非嘗試根除它。

史華茲：如果要你試著了解這種恐懼，你會害怕嗎？

瑪格達：不，我對這種恐懼既好奇又生氣，總之我就是很氣它在我的生命中這麼有力量。

史華茲：好，讓我們專注於這種恐懼上，也就是在那些情況下使你僵住、無法行動的內在部分，看看這部分出現在你身體裡面或周圍的哪個地方。

瑪格達：（閉上眼睛，將注意力轉向觀察內在）我最初覺得有個什麼東西在我後面，好像有條繩子套在我身上，勒住我，不讓我前進，好像在說：

「你怎麼敢這麼做？」

史華茲：好，那讓我們將焦點轉向那裡……告訴我，你現在對這個部分有何感覺。

當我問「你對這個部分有何感覺？」時，目的是爲了從瑪格達回答的內容與語氣中，觀察她的「自我」目前展現的程度有多少。

**瑪格達**：我的直覺反應是叫它「滾開」，你知道的，叫它「從我身上下來」；但我也有點好奇，爲什麼它想阻止我前進？

從這個回答中，我知道瑪格達的另一個部分（說著「滾開」的那個）出現了，但我也發現，當她從阻撓自己的那部分抽離，並專注觀察該部分時，她的「自我」的好奇心也開始浮現了。接下來，我想看看瑪格達說著「滾開」的那個部分是否會後退一步，好讓她的自我能進一步浮上檯面。

**史華茲**：所以有另一個部分想叫讓你僵住不動的部分滾蛋——先請它等等，讓我們順著你的好奇心，了解一下讓你動彈不得的內在部分，看看它爲什麼要這樣對你。可以嗎？

**瑪格達**：叫恐懼滾開的那部分很生氣，很不耐煩。

**史華茲**：我知道了。但那個部分願意讓我們繼續進行而不打擾嗎？

瑪格達：它說：「你的方法最好管用。」
史華茲：不然會怎麼樣？
瑪格達：不然它就要重拾主控權。不過我跟它說：「你那一套還不是從頭到尾都沒用。」
史華茲：那它怎麼回應？
瑪格達：被戳破這一點讓它有點慚愧。
史華茲：所以它也承認你說的沒錯。
瑪格達：對，所以它後退了。

現在，我能從瑪格達說話的方式看出，她已完全進入了自己的內心世界。對旁觀者來說，她彷彿進入催眠般的神遊狀態，但人們形容，那更像是在夢中與不同的角色對話。

史華茲：你現在對這個斥責你、拖住你的部分有什麼感覺？
瑪格達：我想知道它爲什麼要這麼做。

史華茲：現在，你對使你動彈不得的部分又有什麼感覺呢？
瑪格達：不知道爲什麼，我好像很能理解它，只是沒辦法具體形容。
史華茲：你很熟悉這個部分。
瑪格達：（開始流淚）是，很熟悉，但我怕你要是再繼續問下去，我恐怕無法回答。
史華茲：沒關係，這種熟悉感是不是伴隨著某種感覺？這種感覺是什麼呢？
瑪格達：呃，我覺得……對這個部分有種憐愛，就像看見老朋友一樣。

隨著瑪格達與內在部分越來越靠近，且不再懷抱憤怒，她得以將內在部分看得更清楚，也引發了與生俱來的憐愛之情。

史華茲：好，你能讓這個部分知道你有這種感覺嗎？
瑪格達：我試試看……可以。
史華茲：這個部分如何反應呢？
瑪格達：它有點像隻小狗，很久沒人餵食的狗。雖然想靠近給牠食物的人，但又很害怕，因爲以前被打過太多次了。

史華茲：好，那你能安撫這個部分，直到它願意更信任你嗎？

瑪格達：感覺好奇怪，因爲這麼久以來，我一直很討厭它、很氣它。

史華茲：我知道，但正如你跟另一個部分說的，這種方式不管用。

瑪格達：沒錯……我覺得自己好像可以更靠近它，而它也更靠近我一點。我對它充滿憐憫，而這個部分對我的反應也很驚訝，因爲它已經習慣了我每次看到它時，都會說：「滾出去！」所以它對我還有些遲疑……它不相信我，好像我隨時都會翻臉，拿棍子或什麼揍它一頓似的。

瑪格達描述這幅場景時，聽起來像是她看見自己更靠近那隻小狗。當人們看見自己採取行動時，意味著他們的自我在觀察其他內在部分的行動。確認情況後，我要求瑪格達眞的跟那隻小狗待在一起，而不光只是看著自己這麼做。

史華茲：瑪格達，你是「看見」自己更靠近狗狗呢，還是自己眞的更靠近狗狗？

瑪格達：我不太能分辨。我一下子覺得是前者，一下子又覺得是後者。

史華茲：好，請你的內在部分讓你能眞正靠近那隻小狗。

瑪格達：就只是跟狗狗待在一塊嗎？

史華茲：沒錯。

瑪格達：我看到自己的內在部分後退了，也開始感覺自己更靠近狗狗，然後我跳了出來，心想「我得看看這一切，我得親眼瞧瞧」。

史華茲：就是這個。就是這個內在部分讓你從場景中脫離，當個觀察者。請你要求這個部分確實離開；有必要的話，可以請它先去另一個空間或其他地方。

瑪格達：好，評估過後，我覺得自己必須把觀察其他內在部分當成我會的某種技巧，好像我非得觀察它們不可。

史華茲：對，這就是那個部分要你這麼做的。它掌握了這套規則和技巧，現在看看它願不願意退後。

瑪格達：好，好。我覺得，如果只有我跟那個阻礙我的部分待在一塊，而沒跟觀察自己的那部分在一起，會有點可怕。我不知道單純去感受會是什麼樣子。

史華茲：我知道。針對感到害怕的那部分……看看它是否願意相信你跟我一回，我能讓感到害怕的部分看見，實際感受其實會更好；不只對這個部分本身好，也能對整個內在系統更好。

瑪格達：好吧，我想我得相信你的經驗。好。

史華茲：所以你跟自己的內在部分待在一塊了嗎？有什麼感覺？

瑪格達：很平靜，也很開心我在這裡。

史華茲：現在，可以請你向這個部分保證，你在乎它，既不會打它，也不會對它大吼大叫嗎？

瑪格達：（情緒激動）我讓這個部分發現，其他部分都後退了。我讓它注意到，打它、恨它或害怕它的人並不是我。

史華茲：這個部分有什麼反應？

瑪格達：感覺像是放鬆了……歇息了。我覺得我得多練習，因爲我並不習慣跟內在部分待在一起，或單純只是觀察它；我比較習慣擺脫它。

正如瑪格達發現的，只要我們不攻擊自己的內在部分，它們就會卸下心防，讓我們有機會眞正認識它們、了解它們行爲背後的動機，以及如何幫助它們改變。

並非所有的ＩＦＳ療程都能和瑪格達一樣順利。在這之前，她已經花了不少工夫了解自己，使得她的內在部分十分信任她的自我有能力領導，所以當她要求自己的內在部分後退時，它們很快就願意跟進。如這樣的過程所呈現的，這個讓內在部分後退的步驟，可以讓自我展露的程度逐漸增加，而這些被要求後退的內在部分也沒有被放逐，我們只是要求它們別干擾瑪格達的「自我」去認識那個讓她動彈不得的部分，直到該部分完全得到療癒。之後，它們可以分享自己的反應、表達自己的疑慮；如果它們準備好了，也可以讓它們接受療癒。

當每個內在部分都放棄扮演極端角色後，所有部分彼此的關係也會發生變化，最終整合成一個和諧的群體。我希望上述療程的紀錄能讓你清楚看見，我鼓勵人們把內在部分視爲住在內心的一群活生生的人。但它們究竟是什麼呢？

# 正常的心靈多重性

個案們遇到的內在部分就宛如住在他們內心的眞人，也就是有一系列即使不情願，卻又不敢離開，因此被迫成爲保衛者的部分。它們眞的有可能是這個樣子嗎？個案帶領我進入了陌生的領域，帶領我認識這種對我、對他們，以及對所有人心智的顚覆性想像。

後來發現，我並不是第一個踏入這個領域的人。早在我來到以前，就有許多心靈探險家曾見識過我所謂的**「正常的心靈多重性」**（normal multiplicity of the mind）。義大利精神科醫師阿沙鳩里（Roberto Assagioli）是西方第一位注意到這種現象的先驅，他也發展出一套次人格互動法「心理綜合法」（psychosynthesis）。我很雀躍地發現，他對次人格的了解，與個案內在部分告訴我的十分雷同。

二十世紀初的精神分析學家榮格，同樣注意到自己和個案內心的多重性，並透過稱爲**「積極想像」**（active imagination）的方式進入內在世界。在看過內在世界住了些什麼人之後，他說：「我的心裡住著不是由我創造，而是自己誕生的產物，且它們有了自己的生命……它們總是擁有某種程度的自主權和自己的獨立身分。人非常難接受這種自主權。」其他像是催眠治療和創傷學等領域的理論家，也發現不只有解離性身分疾患患者會擁有次人格。

神經生物學家與資訊科學家也注意到正常心靈的多重性，並提出自己的詮釋與模型。資訊科學家發現，和傳統的序列處理電腦相比，搭載眾多小型處理器、各自獨立處理同一問題的平行處理電腦，更接近人類心智的運作方式。神經科學家所說的「精神狀態」與「模組」，是相關心智流程的分離叢集，彼此相連後，形成了連貫的次心智（submind）狀態。這種理論的概念是，我們的大腦為了追求效率而形成這些叢集，將特定的記憶、情緒、對世界的認知與行為連結起來，組成了需要時可以被啓動的內部單元。

比方說，神經精神醫學家丹尼爾．席格（Daniel Siegel）曾寫道，恐懼的心理會組成「一種高度緊張、全神貫注、行動高度警覺、會回想過往遭受威脅的記憶、將自己視為需要保護的受害者，且情緒激動，警告身心準備承受傷害的狀態」。這些特徵連結在一起後，未來一旦面對威脅，就會浮現出來；而其他叢集則由不同的刺激誘發。從這種觀點來看，我們的大腦演化出多重性，好有效率地應對環境變化。

接著，這些叢集發展出了自己的生命。

雖然有眾多資訊來源都說明了心靈的多重性，但正如榮格所說，認為人類的心智包含一系列各自分離、獨立自主的角色，且彼此交織形成一套關係網絡的觀念「仍是最難讓人接受的事」。無論是對精神醫學界或整個西方文化而言，相信心靈多重性並非異常的觀念，仍是十分前衛的思想。我們可能會談到內在小孩、超我或脾氣，但很少人會認為這些事物真實存在於我們的內心世界；相反的，我們只將它們當成情緒狀態的比喻，或是整體人格的某個面向。

阿沙鳩里的研究持續遭到邊緣化；而儘管榮格對西方文化產生了可觀且與日俱增的影響力，卻鮮少有人認同或理解他對次人格的論述。我們依然一心一意抓住「單一心智」的想法不放，且深信那些擁有多重心智的人都是罹患解離性身分疾患的「可憐蟲」。我常看到個案在第一次探索內在世界後驚懼地問：「你覺得我是不是罹患了精神病？」

開始深入了解不同原住民族群的傳統後，我越來越明白，單一心智的概念是相對晚近才創造出來的理論。世界各地的原住民文化都很熟悉、並能接受靈性世界的概念，以及我們的內在世界充滿不同聲音和角色。所以，與其說認為「正常心智具有多重性」大幅偏離既有知識，倒不如說，這是讓我們回歸被當代典範嚴重偏離的古老智慧。

我這麼說，並不是要簡化改變信念、相信正常心智多重性的難度。雖然個案一個接一個地留下了越來越多的證據，但在與安雅展開初步的內在探索後，我至少花了五年，才有辦法真正接受這種可能性。與安雅和瑪格達這類人相比，我若非刻意專注於內在意識，就無法直觀地探索內心。在我平常的意識狀態下，我不會注意到隨著不同內在部分來來去去，自己的觀點、姿態或慣用語氣都會發生細微改變。所有的一切將我的經驗融合成一幅馬賽克拼貼，但我看到的是馬賽克圖畫的整體，而非裡頭的碎片，除非其中哪一塊突然發難並掌握主導權，我才能察覺到自己變得多不一樣。

比方說，你是否記得哪一次家人或親密伴侶傷害了你，使你陷入憤怒？你的想法有何變化？不只是你對那個人的看法，而是整體的觀感。你的視線、姿勢、動作還有語調，又有何改變呢？如果你跟我一樣，就會覺得身體彷彿被其他人挾持，開始以非黑即白的方式思考；我覺得自己變得更年輕、衝動、有活力；我對他人的愛或同理心消逝得無影無蹤；我只能看到自己這一邊，且迫切渴望事情順自己的意。

我可能魯莽行事，幾乎不在乎自己言行會造成什麼後果。惹我生氣的對象也改變了，他們看起來更醜、更惹人厭。我突然變得情感豐沛、大大張開雙手、揮舞雙臂以強調自己的觀點。我會大聲抱怨，也可能語帶輕視或貶意。換句話說，我從幾乎算是個正常人，變成多愁善感、自我中心的青少年。

當我將焦點轉向自己的怒氣，並向它提問時，我發現：原來這股怒氣真的是我內在的青春期人格；它不只生氣，也感到受傷與害怕。它深信自己必須保護我不受親近的人傷害，於是只要面臨危機時，就以憤怒面對。然而這種憤怒並不是它的本質，只是它在扮演保衛者時的附帶產物罷了。它英勇地站在我內心挾帶著過往遭排斥之痛的年幼部分前頭，並阻擋我內心害怕反抗任何人的恐懼部分。如果你能夠懷抱好奇心、定睛在自己的怒氣上，可能也會驚訝地發現，你的憤怒不只是一團情緒，甚至會注意到自己對這個部分懷抱著憐憫與感恩。

## 充滿各種次人格的內在系統

事實上，「部分」並不是最貼切的用詞，我之所以選擇這個說法，是因爲它比起**「次人格」**更容易爲人所接受。大家都會說：「有部分的我今天想去上班，但另一部分的我寧可窩在床上。」不過我所指的是一系列內在人格，並不是解離性身分疾患者的「交替人格」（alter，或稱「子人格」）。解離性身分疾患患者因爲幼年時遭遇嚴重的虐待，因此產生彼此獨立且兩極化的內在部分，導致某個交替人格接管時，他們的神態會有劇烈變化，有時甚至會喪失其他內在部分出現時的記憶。這類個案需要建立極端的心理隔間才能生存。

至於我們這些童年並非充滿恐怖經歷的人，內在部分之間的關係更和諧一點，所以無論是我們的感受或外表都更加整全。這種情況下，**所謂的「擁有完整的人格」並不代表不具備內在部分，而是各部分更能和諧共存、彼此合作，卻不會因此使內在部分消失。**我們能感覺內在部分的浮現與淡出，但我們的身分不會因此產生劇烈變化，因爲其他部分在這種更迭的過程中依然存在。

隨著我不再以單調的方式看待內在部分（認爲它就是負責生氣），而能從多種角度審視（了解它是一個青少年人格，被迫承擔憤怒的角色），我得以運用家族治療的方法，進一步了解內在部分的困境。舉例來說，我有個十五歲的個案連恩，他總在學校惹麻煩，家長也說他在家裡看起來總是怒氣沖天。身爲家族治療師，我受的訓練要我詢問連恩的家族史，以及他與其他家人及同儕的關係，好讓我了解他行爲背後的動機。在這個過程中，我發現連恩覺得自己需要保護母親和妹妹，因爲父親過去曾對他們施暴。有鑑於這一段經歷，我發現連恩之所以成爲憤怒的保衛者，可說其來有自。

一般來說，社會並未教導我們從「互有關連的系統」的角度來看待社會。我們的社會追求個人主義，假設人人都得爲自身行爲負責：懷孕的青少年被批評爲不道德的，失業者就是懶惰，藥物成癮者就是放蕩……卻很少探索行爲與動機的關連，且把動機當成不負責任的藉口。連恩在學校裡被視爲壞孩子，且有行爲障礙。大家都只以貌取人。

這種**不單從個人的外貌或行爲做出判斷，而是嘗試了解個人行爲如何與人際關係或過往事件有關的觀點，稱爲「系統性思考」**。家族治療將系統性思考引入過往受佛洛伊德學派和醫學方法宰制的精神醫學領域，而在此之前，診斷和治療個案時，很少考慮導致他們問題的社會環境。

憑藉著我從系統性思考所學到的，我開始嘗試理解個案的內在部分所扮演的角色，以及它們與其他部分如何產生連繫，正如我將連恩的憤怒與他在家庭的處境連結在一起。如前面所說，當我問安雅的批評者，如果不讓安雅感覺挫折，會發生什麼事時，我們發現有兩組內在關係創造出批評者的角色。批評者害怕，如果不持續督促安雅，就會讓其他部分主宰，而安雅就會變胖；批評者也害怕它所保護安雅心中脆弱、童稚的部分會因遭受拒絕而受傷。如同連恩因爲自己與父親有所衝突，且必須保護母親和妹妹，所以認爲自己必須持續扮演憤怒的角色，安雅的批評者也受限於與其他部分的衝突，以及還有需要保護的部分，導致它無法改變。

這一切對你和你的內在家庭關係意味著什麼？首先，這強調了你對內在部分的理解，將決定你與它們的關係。若僅僅將此視爲內化的信念或單純的情緒狀態，你就沒有理由傾聽它們、對它們敞開心扉；相反的，如果你相信這些內在部分其實有更多內涵，也是獨立自主的人格，就更有可能展現好奇與關懷。

再者，這表示你的心智是一套複雜的系統。內在部分彼此之間的關係和家庭成員的關係十分類似；在它們所保護或對抗的部分先做出改變前，你的許多內在部分都只能維持現狀。若你對某個部分保持好奇，就會發現該部分害怕改變的原因，這些原因有時甚至很實際。舉例來說，我曾爲許多生活在都市的孩子進行諮商，他們在社區裡無法卸下反叛和虛張聲勢的自我保護罩，因爲只要表現出一點軟弱的樣子，馬上會招致他人攻擊。然而，在成功與這些孩子心中的保衛者溝通後，孩子們學會如何保護自己脆弱的部分，更能選擇眞正需要升起防衛的時刻。

## 兩極化

若你的心智是內在部分組成的系統，那麼這套系統是如何運作的？人類系統的原則之一，就是往往會讓歧異上升成爲兩極化的對立。

你是否曾爲了反擊對方的極端論點，而在爭論中堅守自己並不眞正信服的立場？比方說，過去在許多社會或政治議題上，你與伴侶的父親都站在同一邊，但這次你決定持相反意見，並認爲要是自己出現任何一絲退讓的跡象，對方錯誤的政治觀點就會占上風；因此除非他退讓，否則你絕不放棄！這就叫做兩極化：雙方站在彼此相反或互相衝突的意見兩端，害怕要是自己不堅守立場，糟糕的事情就會發生。這種情況發生在人類系統的各個層面：父母反目成仇、手足互相競爭，我們的內在部分則成了反派。

精神科醫師保羅．瓦茲拉維克（Paul Watzlawick）與同儕用了一個航海的比喻來描述系統中的兩極化，我在這裡將這個比喻稍微修飾了一下。他們描繪了這樣一幅景象：「兩名水手各站在船的兩端，以穩住船身；其中一方越是往船尾靠，另一方就得設法補償對方的舉動造成的不穩定。但要不是雙方都使出渾身解數想穩住船，船本身可能就已經夠穩了。」兩名水手都偏離了自己原先偏好且重要的職責，而採取對船有害的行動，讓船更有可能沉沒。兩者固守自己的崗位，且對方的行動有多極端，自己就得多極端；換言之，他們只能互相配合對方的行動。諷刺的是，兩個人都不喜歡自己現在扮演的角色，都想回到和諧的狀態，但也都有充分的理由擔心，要是其中一方離開位置可能產生的後果：如果只有一人往船中央移動，船就會沉。

兩名水手都相信「要是往船中心移動，船就會沉」並沒有錯，因爲當他們這麼做的時候，另一方可能仍繼續往船尾靠；唯一的解決方法是兩人同時往中央移動。

但由於彼此缺乏信任，只有讓雙方都信任的第三方介入，向他們保證當其中一人向中心移動時，另一人也會照做。若有個兩人都信賴的船長，就能引導兩名水手冷靜下來，同時離開船尾。當他們不再陷於兩極化帶來的壓力和限制後，兩名水手就能在船上自由移動，重新扮演他們重要且令人享受的角色，也相信船長能好好掌舵，完成一趟安全且對大家都有益處的航程。

現在，再次轉向安雅，用我們的方式來詮釋這個比喻。安雅有許多內在部分就是這麼兩極化。如我先前所說的，她老是聽到批評者敦促她更努力、追求完美。哪怕任何時候，只要她坐著不動，那個積極努力的部分就會批評她懶惰，並提醒她所有需要完成的任務。我讓安雅向這個孜孜不倦的批評者提問：要是安雅不持續採取行動，不這樣每天累得半死，究竟會發生什麼事？它說安雅會整天無所事事、暴飲暴食，然後變胖。安雅說，小時候的她確實比其他孩子更豐腴，也爲此吃過苦頭。她承認自己有個想暴飲暴食的內在部分，且自從大學成功減重後，就一直在對抗這個部分。

安雅想暴飲暴食的內在部分則爲自己辯護，說因爲孜孜不倦的批評者太霸道了，於是它得把握任何安雅筋疲力竭的瞬間，讓她徹底停下來；大吃大喝則是爲了緩解批評者在飲食上帶給安雅的壓力。而在安雅暴飲暴食後，批評者會立刻罵她是「豬」，催促她回到跑步機上瘋狂運動。換句話說，安雅所有極化的內在部分都深信，要是自己不那麼極端，另一個部分就會搶過主導權，然後搞砸安雅的生活。這些部分陷入僵局。若無法保證其他部分會跟進，沒有任何一個部分願意變得不那麼極端；且在獲得保證前，這些部分都會頑強抵抗。這兩個部分爲了安雅的安全彼此爭鬥，而且都相信對方在扯她後腿。

由於缺乏對內在家庭系統運作方式的理解，包括她遇過的其他諮商師在內，安雅身旁的許多人給了她根本算是常識的解決方法：「你何不慢下腳步，好讓自己不至於累垮呢？」但他們不知道，這麼做等於無意間與安雅暴飲暴食的內在部分站在同一邊，導致她內心那孜孜不倦的批評者變得更加偏激。除非了解兩極化的本質，否則我們會不斷犯下這種錯誤。正如家族成員或國際政治中的國家，站在兩極的內在部分不可能也不會獨自做出改變。

正如船的例子所表明的，如果缺乏有效的領導，就很難讓船員之間取得和諧的平衡。好在人人都擁有能幹的內在領導者。當安雅能從「自我」的角度與內在部分互動時，這些部分對她產生信任，自我也能讓孜孜不倦的批評者和暴飲暴食的部分好好談一談，停止爭奪安雅的靈魂。最終，批評者轉移爲顧問的角色，爲安雅的成就制定合理目標和策略；暴飲暴食的部分則了解自己不必再保護安雅免受批評者的攻擊，而成爲提醒她放鬆的平靜聲音。

當這種兩極化的狀況，以及隨之而來的拚命努力和徹底放縱全都消失時，安雅就能接觸到內在脆弱、如孩童般的部分，以及它們背負的悲傷重擔。這些都是原先在各種心理活動干擾下，安雅所無法看見的。由於原本做爲保衛者的兩個內在部分不再繼續纏鬥，安雅終於能花費足夠的時間與悲傷同在、了解其根源，並療癒背負了這種悲傷的內在部分。

我發現，困擾其他個案多年的內在部分都陷於類似的難題，受制於兩極化的狀況與保護的需要。就像連恩，我需要處理他父親的問題，好讓連恩的態度能夠軟化；其他個案兩極化的內在部分也一樣，若其他事情無法先有改變，這些內在部分就不會改變。我曾讓個案與內在部分爭奪主控權，但這是場打不贏的戰爭，因爲這些內在部分無法退讓。所有兩極化的部分都相信，內在家庭系統的安全仰賴它們堅守自己的角色。在安雅的批評者完全放鬆前，她必須向批評者證明自己有能力保護脆弱的內在部分，也不會讓放縱的部分主導一切。

## 困在過去，裹足不前

處理安雅內在批評者的經驗改變了我的治療方法。我不再試著強制重組個案的內在家庭系統，而是對他們的系統越來越感到好奇。為了徹底了解內在部分，我努力放下自己對思維與情緒的所有假設，並允許個案來指導我。我與數百位個案的內在部分對談過，就連面對那些想傷害我的個案或其他人的內在部分時，我仍試著保持開放和好奇。結果我發現，許多內在部分的動機不只是受到保護或兩極化的立場所影響，也會因看似不理性的信念和情緒驅動。

有位個案憤怒的部分認為他的周遭充滿危機，即便他生活的環境其實很安全；另一位個案有自殺念頭的部分則深信自己很邪惡，所以該死；還有一位個案的內在部分相信沒有人能愛他，儘管他的生命中有許多顯然很愛他的人。

我並沒有挑戰這些信念，反而開始探詢這些內在部分是從哪裡得到這些想法的。在提出這個問題後，許多個案開始看見過去的畫面。有些人覺得彷彿在欣賞取材於自身童年的電影場景，這些畫面通常都是創傷：遭受排斥、羞辱、肢體或性暴力、驚嚇或令人羞愧的事件等。一般來說，這些並不是人們遺忘的記憶，而是他們在人生故事中輕描淡寫、忽視或掩蓋的事件。好幾位個案的情緒在看見這些場景時大受打擊，彷彿自己正在重溫這些事件，並開始啜泣、畏縮。

一開始面對這種情況時，我不知道該怎麼辦才好，無法自如地面對無論是自己、個案或家人的激烈情緒。當個案的情緒逼近我的容忍上限時，我很害怕他們會被情緒淹沒到無可挽回的境界，以至於陷入無法脫離的絕望中。

這也難怪，因爲我也害怕，要是自己太靠近被我放逐的那些情緒，就會發生同樣的狀況。後來，我生命中的一次危機讓我意識到了那些受傷和孤獨的內在部分，我不得不去了解和重視它們。在那之後，每當個案展現出強烈情緒時，我更能好好陪伴他們；而在我處理自己的課題前，只要個案變得激動或聲淚俱下，我就會請他們離開創傷的情境，以更疏離的態度觀看這些事件。個案通常能做到這一點，但有些人會選擇徹底封閉情緒，且很難再回到他們所看到的情境，導致無法完成治療。

當內在部分能告訴我們，個案在過去的哪個時刻採信了不理性的信念或情緒時，這些信念或情緒就會突然變得沒那麼不理性。考量到個案的經歷，他們在那段時間有這樣的想法或感受是完全合理的。但個案的某個部分不知怎麼的，即便多年過去了，個案本身也不再面臨相同處境，卻仍持續背負著那些早年經驗帶來的想法、情緒和感受，彷彿他們的內在部分仍停留在過去，駐足不前，被冰封在那些可怕的時刻。

對內在部分來說，這些過去的事件似乎仍在發生，或仍可能再度發生；內在部分似乎也守著過去對自己和世界的認識不放。許多個案在見證自己內在部分的故事後，鬆了一口氣——多年來，他們始終搞不清楚這些無法用理性了解的衝動、恐懼、渴望或世界觀，而現在他們知道，這些感受、信念和行爲全都其來有自。

## 讓好部分從壞角色中獲得自由

更重要的是，內在部分發現終於有人理解自己，彷彿多年來，它們一直試圖述說自己的故事，卻總是沒人聽。它們似乎只需要「自我」能了解實際上發生的事件，並明白那些狀況有多糟。一旦如願，許多內在部分立刻就會發生轉變。個案表示，自己對內在部分的印象與經驗也改變了，宛如主宰自身存在的內在部分得以卸下重擔，就像拆掉某個電腦晶片或破除詛咒似的。許多內在部分變得快樂，彷彿不再受到束縛、獲得自由。在如釋重負後，許多內在部分只想玩耍、跳舞或休息。令人驚訝的是，也有些內在部分開始扮演與以往不同的角色。例如，安雅的批評者想成爲支持她的啦啦隊長，鼓勵她全力以赴。

見證個案內在部分的轉變，讓我相信自己所擁有的內在部分——這一系列伴隨我人生的內在人格——能提供各種珍貴的協助。有些內在部分既年輕又天眞爛漫，對世界充滿驚嘆和喜悅。它們讓我們的存在更堅定，讓我們能玩樂、創造、放鬆並享受親密關係。有些內在部分則善於評估情勢和人事物，一如重要的顧問，能制定計畫、解決問題。有些內在部分面對困難時堅忍不拔，且有力量面對挑戰；也有些內在部分性欲旺盛，還有些內在部分對追求藝術更感興趣。

每個人內心似乎都有形形色色，擁有不同年齡、性格和才華的人物，當它們不再背負過往的重擔或彼此衝突時，就能協助我們從事任何活動。當我們的內在家庭能和諧共處時，具備特定才華的內在部分就能在我們需要時現身，其他部分則會後退。比方說，我曾爲運動員提供諮商，幫助他們找到具備出色體能的內在部分，好讓這些部分在他們需要交出表現時，能可靠、穩定地進入他們的身體，而不是只有偶爾露個臉。

我自己擅長體育的內在部分之所以能發揮得如此有聲有色，一方面是因爲這個部分並不擔心任何人對我表現的評論，所以我能在幾乎不焦慮的情況下，享受體育競賽的過程。然而當我和伴侶爭吵時，這種泰山崩於前而色不改的特質卻無助於讓我們和好；這時，若能讓敏銳察覺我如何影響他人心情的內在部分浮現，讓擅長體育的內在部分退後，效果會比較好。

理想的情況是，你的「自我」會出現在所有活動與互動中，而合適的部分不會離得太遠，會提供你建議，將它們的情緒或能力與自我融合在一起，有時甚至會完全接管你的身體。在這種情況下，就算某個內在部分完全掌控了一切，也是因爲得到了自我的許可，而不是因爲它們自發性介入、扮演保衛者。徹底成爲玩心十足的部分可能很有趣，能完全展現悲痛的部分有時也能帶來療癒之效，但當一個人進入自我領導的狀態時，並不是與世界保持距離並暫停一切情緒感受，而是能深深體會苦中帶甜的生命，同時內心保持平靜。

若你跟我一樣，就表示你離實現這種理想狀態還很遠。即使在某些頗具挑戰性的情況下，我仍幾乎都能維持自我領導，但也有些時候並不總是能如此。至於其他狀況，像是伴侶對我生氣時，我通常會失去自我領導。她的憤怒會觸發我困在童年不同時刻的內在部分，並引發恐懼、羞愧、憤怒和自我厭惡的重擔。只要上述任何一個內在部分感到挫折，就可能徹底攻陷我的意識，讓自我暫時隱藏，使我的思緒、感受和行爲都變得跟內在部分一樣。對我來說，這些是非常黑暗的時刻，因爲我找不到盼望；且由於對這些內在部分的認識有限，而覺得它們的情緒要把我壓垮。我再次成爲曾經的那個少年，害怕遭父親責打或母親責罵，並確信我和他們的關係徹底破裂，無法挽回。我身陷在情緒的汪洋中，無法在風暴裡找到「自我」這個颱風眼做爲庇護。

幸好，如我前面提過的，在我成功療癒某些部分後，這些情況不至於持續太久，而自我也能比以往更快重新浮上檯面。雖然靈魂的黑夜變短了，卻仍讓人不快。取決於搶走主控權的內在部分是哪一個，我可能會變得自我封閉、自怨自艾或口出惡言對伴侶發飆。我可能在盛怒和傷痛中忘了我對她的愛，而開始懷疑自己究竟爲什麼會和她在一起；我的內在部分則無可避免地進一步啓動她的內在部分，使得我們開始爭吵。

有鑑於內在部分對生活的影響程度之大，又深深左右我們的情緒，自然會讓人想擺脫它們。我們很難在這些持續批評自己的聲音，或讓人想逃避的恐懼中看到什麼價值。這些內在部分對我們造成的破壞力如此強大，以至於讓人反射性地厭惡或想抵抗它們。事實也的確如此，就它們目前的狀態來說，確實破壞力十足。但我不是要你接受自己的憂鬱，或學會與內在的批評者共存，我的意思是，若你能改變與內在部分的關係，就能卸下這些具破壞性的重擔，將它們變成更有價值的形態。

儘管這可能令人難以置信，但就算是最邪惡的內在部分，也是被迫扮演壞角色的好部分。我從未遇過任何直到最後仍完全無法喜歡的部分。儘管我確實遇過不少討人厭的部分，有些想殺死我的個案，有些甚至曾猥褻兒童，就連這些顯然是內心惡魔的內在部分，只要我們以不帶偏見的好奇心接近，就能揭露迫使它們扮演目前角色的動機，以及它們對自己的行為有多羞恥。就算是那些最極端的部分，最終也能產生轉變。

## 如釋重負的個案

當人們能開始重組自己的內在系統，並讓自我領導時，會發生什麼狀況呢？有些個案以嶄新的觀點來看待自己的人生，並經歷如詩人大衛・懷特（David Whyte）所說，「發現實際價格比標價更高時內心的震驚。」個案意識到自己過去基於恐懼的決定所付出的高昂代價，讓他們選擇了現在的職業、生活方式或婚姻，而沒有空間讓自我和這些新發掘的部分發揮。現在，他們會開始追隨自己的熱情，探索未知的領域。

不過，也有許多個案的外在生活並沒有那麼劇烈的變化。他們會找到使現有生活更豐富或慢下腳步的方法，像是嘗試創作、花時間探索大自然、建立新關係、從事志工活動，並去除純粹爲了排解生活中的痛苦、羞愧或轉移焦點而做的事。

他們不再執著於成就、金錢、電腦、時間管理、外表，轉而渴望與人或自己相處。他們能更順暢地度過人生道路上那些過去會讓自己踉蹌的障礙，但現在他們似乎爲自己安裝了更好的避震器，以至於能平穩度過。

另外有些個案，並沒有選擇離開曾被他們歸咎爲自身痛苦源頭的伴侶或職業，面對自己的內心，讓他們能以全新與感恩的眼光看待自身處境。當這些個案最終能傾聽內心眞正的需求時，需要的將不再是換個伴侶、工作或身體；光是擁抱自己被困在心靈黑森林的內在部分，就足以讓他們的靈魂撥雲見日。當他們越來越能接納自己時，就也能接納伴侶身上與自己相似的部分。終生難以擺脫的渴求和執念驟然消失，讓人更能活在當下，因爲他們有更多部分能夠現身。

「更活在當下」是什麼意思？接下來我們看看一位個案的日記。荷莉是位單親媽媽，獨自撫養兒子喬許和兩個女兒。

星期六晚上，喬許邀朋友來家裡過夜，要我帶他們去公園騎腳踏車，聽起來很不錯，我很想去，於是我們三個人騎著腳踏車出發了。我們騎過通往公園的山坡，然後往下進入開闊、有著小丘與山谷的停車場。男孩們的笑容和笑聲在夜空中縈繞不去，我感覺一股平靜的滿足在血液中流淌。

隔天，喬許和我去了湖邊，天氣很熱，非常適合游泳。我抱住他的腳，他則從我手中縱身跳水。四周岩壁環繞，在湖中深處，我們一邊戲水，一邊互相追逐，玩得不亦樂乎，我的全身心都與喬許一起待在水中，我不想，也不需要身處其他任何地方。

星期一，喬許問我能不能來個專屬於他的特別之夜，因為這對他來說很重要；而我也總是希望與孩子之間能有更多的特別之夜。時機正好，他的姊妹們都不在，喬許說想去他最愛的「紅龍蝦」餐廳吃晚餐。這孩子愛死了螃蟹。我擔心錢的事，但還是決定讓喬許擁有自己夢寐以求的夜晚。他津津有味地吃著每一口螃蟹，然後我們一起去看了電影《泰山》。我喜歡和喬許在一塊、討他歡心。雖然他已經九歲了，但還是喜歡牽我的手，和我擁抱。

我喜歡看見喬許的笑容，看見他快樂。

對某些人來說，這可能是再平常不過的事，但對我來說卻不是如此，這是我長久以來的渴望，超越世上任何事物，我一直希望自己能自由且自發性地去愛我的孩子，我喜歡因孩子感到快樂，並純粹地與他們一同享樂。我想花時間陪伴他們，不是因為我應該這麼做，也不是出於義務，而是我真心享受這麼做。我想全神貫注陪伴我的孩子，不受任何事物或念頭干擾。雖然我很怕一旦說出來就不靈驗了，但我在騎腳踏車、隔天去游泳，還有喬許的特別之夜中發現，我的渴望開始實現了，我的愛如同我一直期盼的那樣流淌；我的愛和與孩子相處的快樂，就像一場自然而輕柔的細雨灑落。

荷莉並沒有嘗試什麼新的活動，唯一改變的是她不再心心念念著自己隔天要做什麼、喬許是不是做了什麼錯誤或危險的事、她沒能更常陪伴孩子是不是很糟糕……而她那喜愛玩樂、喜歡身體動起來、喜歡單純陪伴喬許的部分出現了。這兩者的組合，也就是那些喋喋不休的雜念消失，加上曾被放逐的部分浮現時，我們也找到了一直渴望的、對生命的熱愛。

## 人性良善的可能

與個案一同進行探索之旅，讓我對於人類的本質有驚人發現。除了發現我們的核心特質遠比想像中更出色，也發現人類認爲證明了自己一無是處的那些面向，實際上都是埋沒在砂礫中的鑽石。**我們的本質徹頭徹尾是良善的**。

畢竟我自己也是在多年來，一再看見「人性本善」的假設得到認證，才不再抱持懷疑，因此我並不期待你光憑三言兩語就相信這個觀念。唯有探索過自己的內心，才有可能得出這樣的結論。如佛陀所說：「別因為世世代代與許多地方的人們都高舉一項傳統，就相信它確實有益處。也別人云亦云，更別相信古老智者的說詞。你必須經過實際探索，經過測試、找到自己認為合理的解釋後再相信。」由於我們沉浸在西方文化對人類心靈的負面偏見已久，要以開放、好奇的初心探索內在並不容易。本書旨在讓這件事變得簡單，好讓你在探索內在世界時，能考慮以「人性良善」的可能性取代受文化制約、對於人性病態的期待。

## 練習3・探索你的內在部分

### 認識你的內在部分

騰出一點時間，找個舒適、隱密的空間，並選擇一種你想認識的情緒、思考模式或內在的心聲。剛開始練習探索時，最好選一個不會引發極端感受的選項。若你在選擇時需要幫助，可以瀏覽第一章練習裡的清單。選好後，開始專注於你所選的內在心聲、想法或情緒，並留意它出現在你身體內或周遭的哪個部分。如果找不到確切位置也沒關係，但如果能找到，請專注於身體的該部分，這在繼續練習時會有幫助。

注意自己對產生內在心聲、思想或情緒的內在部分有何感受。若有好奇、接納或關懷以外的感受，請找出讓你衍生這種感覺或信念的另一個內在部分，並看看這個部分是否願意信任你並後退。若這個內在部分確實後退，而你確實對原先選擇想認識的部分感到好奇，請花點時間與這個部分相處，探索它有什麼話要對你說。

## 第四章

# 被放逐者、管理員、救火員

你可能已經注意到，目前爲止，我所提過的個案都擁有兩種內在部分，有些在保護他們的內在家庭系統，有些則比較脆弱，需要受到保護。在本章中，我將加以描繪，讓你更清楚了解不同類型的內在部分。由於我們都曾受過類似的傷，所以會組成形式相似的內在家庭系統：你內心擔任保衛者的部分被迫扮演的角色，與我心中類似的部分相同。我們爲人處事的差別，則大致取決於主導我們的內在部分扮演什麼角色。

我多半是個害羞的人，這意思是，要我打退堂鼓、別在社交上冒險的內在部分比較強勢，這個部分總說別人一定會拒絕我，所以我不該嘗試交際；而我也有個熱愛與人相處，且算是很活潑外向的部分。在這種兩極化的狀況下，害羞的悲觀主義者往往占上風。而你可能剛好與我相反，討人喜歡的部分通常會贏過悲觀的那部分，因此大家都覺得你外向。從這種觀點來看，任何人格分類法，不管是九型人格、《精神疾病診斷準則手冊》（DSM-5）或是邁爾斯—布里格斯分類（Myers-Briggs, MBTI）等，都只是對人們內在部分組成方式的描述。

在ＩＦＳ的描繪中，受保護的部分通常稱爲「被放逐者」（Exile），因爲這些是我們試圖鎖在內心牢籠裡，或是凍結在過去某個時刻的脆弱部分。有其他兩種部分會保護這些被放逐者，好讓內在家庭系統不受它們影響，分別是管理員（Manager）和救火員（Firefighter）。讓我們從被放逐者開始談起。

## 被放逐者

想想自己人生中感到屈辱、傷心、害怕或被拋棄的時刻。你曾如何處理這些事件留下的記憶、感受和情緒呢？如果你和大多數人一樣，可能會試圖遺忘，並把這些事件深深埋在心底。

接著再想想看：周遭的人要你如何處理這些情緒？大多數人在成長過程中，從文化和家庭裡學會蔑視脆弱，也對痛苦的情緒感到不耐。我相信很多人都曾聽家人或朋友好心地告訴我們諸如「把這些拋諸腦後，放下吧」的說法，於是我們試著放逐過去可怕經歷帶來的慘痛後果。問題是，當我們這麼做時，放逐的不只是自己的記憶、感受和情緒，也流放了我們心中最受這些事件傷害的內在部分。它們通常是我們內心最敏感、純眞、開放且渴望親密關係的部分，因此涵蓋了活潑、趣味、隨興、創意和享受生活等特質。正因爲這些部分如此敏感而開放，受到創傷的打擊才最深，也深受創傷事件留下的記憶、感受和情緒所困。

這些內在部分就像孩子一樣，它們是受傷的孩子，被創傷事件改變；但我們不僅沒有幫助它們療傷，反而在傷口上灑鹽，視它們爲擾亂家庭秩序、需要花費大量代價和心力去照顧，或是使我們蒙羞的壞孩子。我們試著把這些內在部分留在受傷的狀態不管，繼續往前走；一旦發現這些內在部分不斷想趕上我們的腳步，就把它們鎖在地下室裡，盡全力遺忘它們的存在。

我們放逐的不僅是受傷的部分。回想一下自己的成長經歷，你的內在部分有多擾亂家裡的秩序或使照顧者丟臉？你家裡有多少針對活潑、隨興、憤怒、決斷、悲傷、恐懼、獨立和自主的不成文規矩？你的家庭又多受那些想對外人展現良好形象，因此需要你遵從特定榜樣的部分主宰？你的同儕呢？他們如何對待那些「不酷」的人？換句話說，你的某些內在部分給你惹了多大麻煩？你又是如何處理這些內在部分的？

這些來自家庭、朋友和文化的訊息，讓許多人無法面對任何積極正面以外的情緒——我們被養成一個「必須放逐所有負面情緒」的人。正向思考的力量蔚爲風行，但代價是什麼?小時候，爲了被接納、獲得「成功」、表現得積極正面，你放逐了哪些原先存在的內在部分?作家黛比．福特（Debbie Ford）如此形容家人灌輸給她的想法：

大多數人的家庭教育使我們相信，人性有好的，也有壞的特質。為了獲得接納，我們得擺脫那些不好的特質，或至少把它們隱藏起來……

我被教導不能生氣，不能自私，不能惡毒，不能貪心。我吸收了這種種「不能」的想法，開始相信自己是個差勁的人，因為有時我有點惡毒，有時我會生氣，也有時我想一個人把所有餅乾吃掉。我相信，若想在我家和這個世界上生存，就得擺脫這些衝動。我確實這麼做了。我慢慢把這些特質塞進意識深處，直到我完全忘記它們存在。等到我十幾歲時，我已掩蓋了自己的大多數特質，以至於我變成一顆行走的定時炸彈。

從這個角度來思考確實令人不安，因爲我們會發現，原來我們切斷了自己與許多美好資源和出色特質的連結，人生也因此大幅受限。但別忘了，更重要的是，從西方心理學的觀點來看，放逐這些特質合情合理。如果你只能擁有單一心智，那麼當你受令人困擾的想法或情緒影響時，何不嘗試擺脫它們呢？如果想到悲痛的事情會令你沮喪，何不訓練自己別再回憶那些悲劇，而去想想那些能讓你擁有好情緒的事物呢？要是這麼做有效，自然該這麼做；但這種方法只能發揮一定程度的作用，效果也只能維持一段時間。

不過，要讓這種方法奏效，你得不介意以殘暴的方式對待自己的心靈，也不介意讓自己的人格不再完整。事實上，大多數人都不覺得這麼做有什麼大不了的，而那是因爲我們不知道還有更好的選擇。大多數時候，我們都覺得還過得去，還有辦法活下去；至少和自己身邊的人過得一樣好。或許我們都有些身體或情緒上的症狀，卻從沒想過，這是我們花費心力壓抑大部分內心的後果。

## 對被放逐者的恐懼

諷刺的是，一旦開始嘗試放逐內在部分，反而會讓被放逐者獲得強化。將這些被放逐的部分鎖進內心深處後，它們就會危害你的內在家庭系統，或至少損害你正常生活的能力，以至於你更堅定地相信自己不該去觸碰這些部分，應該將它們隔離開來。我有位曾在幼年遭受嚴重性暴力的個案，在認識了自己其中一個被放逐的部分後，如此形容它的感受：

> 她很想蜷縮著躲起來，但不敢輕舉妄動，因為只要露出一點點活著的感覺，都只會鼓勵施暴者更強取豪奪。於是她直挺挺地站著，但不過是虛有其表，實際上自己不過是一具行屍走肉。她內心充滿強烈的罪惡感，羞愧感也逐漸增長，直到占據她身上的每個毛孔和細胞，像是下水道裡腐臭的黑水般無法控制地爆炸開來。

誰會想重新經歷這個小女孩的感受？如果我們只能在「被這種情緒淹沒」或「壓抑情緒」之間二選一，有這麼多被放逐的內在部分也就不足爲奇了。

我們恐懼被放逐者的原因還有很多：它們會讓我們的情緒和行爲變得令人不屑一顧或遭人利用，使我們變得容易受傷、軟弱、依賴、悲傷、孤僻或羞愧。有些內在部分如此迫切被愛，以至於使我們進入或離不開傷人的關係，就只爲了得到一丁點愛的感覺。

對許多男性（或覺得自己應該跟男人看齊）的人來說，脆弱等同於羞恥。在我們的文化裡，「像個男人」意指一聲不吭，迅速斬斷受傷的情緒。一份針對大學生的研究指出，受憂鬱症所困時，女性比男性更傾向於尋求協助。別忘了梭羅（Henry David Thoreau）的名言：「大多數男人都靜靜活在絕望之中。」男性靜靜承受絕望並不令人意外，看看家族治療師泰瑞斯·瑞爾（Terrence Real）的觀察就知道了：

> 男孩和男人得到特權和特殊地位，但前提是必須捨棄脆弱和人際連結，投身戰鬥。反對這種原則的人，像是非傳統的男性或男同性戀者因此受罰。那些在競爭中失敗或無法競爭的人，比方身有殘疾的男孩和男人，或階級、膚色不對的人，都會遭到邊緣化，幾乎成為隱形人。男孩和男人天天生活在無法獲得寬慰的恐懼中。他們只能不偏不倚地走在一條窄路上，稍有失足就會墜入深淵。男人要是無法成為贏家，他就是輸家。而失敗的代價不僅是輸掉眼前的競爭，更是徹底遭到遺棄。

我們可以從以下這段對話看出男性究竟過著多寂寞、隱忍的生活。一九九八年，馬修．謝巴德（Matthew Shepard）在懷俄明州遭遇殘忍謀殺，只因身爲同性戀，而被打得不成人形，最後傷重不治。記者在調查這起案件時，訪問了凶手的朋友：

凶手麥金尼（McKinney）與韓德森（Henderson）的高中同學布倫特．瓊斯（Brent Jones）與我分享身為一個男孩，內心狀態會是什麼模樣時說：「只有膽小鬼才會表達自己的感受。」。

「那麼當你感到痛苦時，該怎麼辦呢？」

「這就是上帝創造威士忌的原因啊，你只能喝得爛醉，希望痛苦的感覺消失，不然就只能回家倒頭痛哭。」

「你覺得大多數男人都是這樣嗎？」

「對，沒錯。」

「所以大家私底下其實都是膽小鬼。你知道自己是膽小鬼，但不能讓其他人知道，即使大家其實都心知肚明：每個人都是這樣。」

「你可以這麼說。」

「你有辦法跟女生聊這些事嗎？」

「除非你知道她就是你的真命天女。比方說，你們要結婚了、你們的關係很深厚，而你情不自禁。但如果不是這樣，只要你覺得她有可能跟你分手，那就不行，因為她可能會告訴其他人，然後事情就會傳開，所有人都會覺得你就是個膽小鬼。你當然不喜歡別人這麼想，除非你真的就是膽小鬼，而且自己也知道。如果是那樣的話，就無所謂了。」

我相信，比起女性，我們的文化更是逼迫男性放逐脆弱的內在部分。在社會化的過程中，女性被迫放逐其他部分，比方自信或權力；但在某些社會經濟階層裡，這種情況似乎有所轉變。然而，女性更可能因爲性侵害、暴力或騷擾而受創，而我們這個性別歧視仍然當道的文化，也讓她們必須肩負自我價值低落的重擔。

因此，害怕被放逐者其來有自。這些被放逐者可能將我們拖進情緒或記憶的黑洞，讓我們無法正常生活，使我們被會傷人的對象吸引或離不開他們，或使我們遭到那些鄙視脆弱者的排擠與羞辱。如果這些被放逐者不會改變，那麼接觸它們確實沒什麼意義。但好消息是，釋放這些被放逐的部分，就是讓它們重新活過來的過程之一，而且很值得付出心力嘗試。只是大多數人不太相信這種可能性，因此很難說服大家去做，畢竟這表示你得觸碰自己的傷痛，且完全違背你的人生哲學。有些個案說，靠近被放逐者是他們這輩子做過最困難和可怕的事。瑞士精神科醫師艾麗絲・米勒（Alice Miller）在《幸福童年的祕密》一書中舉了個例子，來描述她終於和被放逐者面對面時的狀況：

我內心的小孩……看起來……有些成熟，她想跟我分享祕密。她靠近我的時候有些躊躇，一開始說得不清不楚的；但她拉著我的手，領我進入我這輩子因為害怕而不願意觸碰的領域。我得前進，不能一直別過頭不看，因為這是我自己心中的領域。這是多年前我設法忘卻的地方，我就是在這裡拋下了曾經年幼的自己。她留在原地，與只有她知道的真相為伴，等待終於有人願意傾聽、相信她所說的話。我站在敞開的門前，感到措手不及。身為一個大人，我對過去的黑暗與可怕充滿恐懼，但除非我死，否則我也無法再把門關上，把這個孩子孤獨地留在那裡。於是，我做了一個徹底改變人生的決定：我讓這個孩子牽著我前進，我選擇相信這個數十年來都孤身一人、近乎自閉的生命。

有時候，接觸被放逐者需要展現非凡的勇氣，因爲你得觸碰自己這輩子都在逃避的事物。在這段旅程中，你可能會遭遇來自其他內在部分的強大阻力，它們會用盡全力阻止你去做正要做的事情。

## 無價值感與生存恐懼

孩子天生強烈渴望獲得認同，且背後有個好理由：打從人類這個物種出現以來，大多數個體都會在幼年時就因疾病或出生時的併發症，以及疏於照顧或虐待等原因而夭折。即便在現代，每年還是有五百萬名兒童活不過五歲。人類嬰兒需要耗費大量心力照顧，需要他人持續付諸心力關注；且相對於其他物種，需要依賴照顧者的時間更長。對有些孩子來說，無法得到認同，就相當於死亡或極度痛苦。

這也就是爲什麼孩子一生下來就迫切渴望得到重視，且一旦察覺自己不受重視，就會極度恐懼。人們所謂的自尊心，實際上是孩子在感受到自己得到重視，且知道自己有可能存活下來時所衍生的安全感。若照顧者喜歡你，你就有可能活下來，否則就注定滅亡。

若孩子經常感覺到自己是有價值的，且身處安全的環境，他們在生命初期對生存的恐懼就會消退。一個獲得妥善照顧的孩子能自在地面對世界，就像踏進裝滿溫水的浴缸裡泡澡般。孩子人格的內在部分旨在讓他們求生的本能放鬆下來，好汲取更豐富的內在生命，享受裡頭豐富的感官體驗和資源。孩子越能領會豐富的心靈世界，就越能感到安全，因爲除了察覺自己內心有著充滿創意、喜愛冒險和充滿趣味的部分外，他們也能感知潛伏在恐懼背後、眞正的「自我」。如先前提過的，察覺如靈魂般的「自我」，能帶來超然的從容感——一種自動察覺到自己與更廣大的事物有所連結，也知道自己從裡到外都是被愛的感受。

心理學中有關「依附理論」的豐富研究告訴我們，生命早期與照顧者的互動關係，將形塑影響我們一生的信念系統與情緒上的安全感。根據這套理論，我們與照顧者形成的依附關係，本質上決定了我們終其一生面對親密關係的態度。我認爲，這是因爲當照顧者認爲我們沒有價值時，內在部分就會把這樣的想法銘記於心，隨之衍生了自我價值低落與對求生的恐懼。

我們的文化透過各種方式提供了「我們毫無價值」的資訊，公開虐待和忽視是孩子得到這種觀念最顯而易見的兩種方式，但還有其他影響因素。比方說，許多家長發現，讓孩子以爲自己毫無價值，能讓他們更積極表現——爲了求生存，人們自然會變得極度順從和努力。

我的許多成人個案都擁有傲人的成就，卻也從小就不斷受到羞辱；就算沒那麼嚴重，至少也從小就持續爲自己的價值擔憂。舉例來說，許多男性個案告訴我，父親從未直接對他們說過「愛你」，他們也有不少理由足以質疑父親是否眞的愛自己。相反的，我很常聽到個案說，他們的父親相信，要是展現無條件的愛，就會把小孩子寵壞，讓孩子變得軟弱或安於現狀。有些男孩深受討好他人的渴望控制，以至於日日努力不懈、犧牲生命和生活的其他層面，只爲了向父母和社會證明自己的價值。

與此同時，家庭是個處於微妙平衡的生態系統；家長幾乎無可避免地會在某些時刻讓孩子感覺自己不被愛。無論是手足出生，突然從你身上吸走父母所有的關注，而你年紀太小，不明白箇中原因；或是家長即將失業，所以會因爲一點小事就對你發火，都是有可能的。若家長有時間和空間明白自己把缺乏價值的重擔拋在孩子身上，還有辦法透過道歉或擁抱來修復自己造成的傷害；然而——尤其是像現在這樣浮躁的世界——我們很難總是保持這種警醒。這也就是爲什麼大多數人都從家庭經驗中背負了可觀的重擔，認爲自己毫無價值；而進入社會後，又更進一步累積這樣的重擔。

## 不是贏家，就是輸家

在美國，我們從幼稚園就開始學習競爭。我們得獲勝，才不會成爲輸家，因爲失敗是這個文化中最嚴重的恥辱。我最近看到一部卡通，裡頭的父親跪在地上，雙手環抱著年幼的孩子：「兒子啊，你要記住，輸贏不重要——除非你不想要爸爸的愛。」卡通裡的父親不過是說出了許多家長的心聲：他們害怕成爲輸家。我們已徹底內化「除非能在考試、競賽或升遷上打敗他人，或比同儕更有錢、更受歡迎、更漂亮、擁有更多東西，我才是有價值的」這類信念，以至於幾乎察覺不到自己有這樣的想法。即使和朋友在一起時，我們也會不斷比較自己與朋友的地位、偷偷羨慕他們的成就，並在他們失敗時竊喜，我們總是在計分。除非有別人覺得自己的朋友很酷，否則我們根本不會尊重這些「朋友」。

讓我舉個切身的例子。剛步入青春期時，我很在意他人的看法，也對自己的外表和地位沒自信。我個子不高，戴著牙套又滿臉痘子，而且和許多人進入青春期的經驗一樣，我的鼻子長得特別快，在我臉上簡直就是不成比例的大；更別提我還是猶太裔，而周遭的同儕都是基督徒，他們經常開猶太人的玩笑，像是突然發現我也在場似地說：「喔，眞是抱歉，史華茲。」我非常渴望受到歡迎，也嘗試跟最酷的那群男孩交朋友，但他們建立關係的方式就是互虧。他們總是你來我往的，看誰能占上風，要是招架得住攻擊，就能獲得接納，但要是他們感覺到有機會傷到你，你就會成爲惡劣言語暴力的目標。我太容易受傷了，而且儘管我遭受了沉重的情緒創傷，依然老是回頭讓他們欺負我。我討厭自己會受傷的內在部分，也嘗試放逐它們，好讓自己可以像其他男孩一般「經得起打擊」。

被放逐者通常是這種雙重、甚至是三重攻擊的受害者。他們先是承受最初的創傷，然後被我們擔任保衛者的內在部分批評爲軟弱無能，最終被判無期徒刑，終身監禁在我們內心的牢籠裡。

幸好我在自己敏感的部分被永久放逐前，就不再跟那群人來往；但我離開那群人時，心裡十分害怕自己無法再對其他男性敞開心胸、建立親密的友誼。後來我有很長一段時間都沒有朋友，並一直覺得自己的人生一敗塗地，但還是在家人與同儕間假裝一切都很好。

我一輩子都受這種「輸家」的感覺所擾，只要我的社交生活進入「枯水期」，這種感覺就會從內心深處浮出來。我曾幫助過許多個案，他們都曾遭社會上這種人氣競賽傷害，結果就是大多數人打從心底深處相信自己是個失敗者。我們懷抱著恐懼度日，深怕被人看穿自己，同時努力向他人證明自己是贏家。

## 追求救贖

對許多人來說，那些讓我們覺得自己是個輸家、毫無價值的內在部分，構成了最令人恐懼的被放逐者。其中一個原因是這些內在部分極度渴望得到救贖，並執著地想讓那些令他們覺得自己毫無價值的人改變想法。這就是爲什麼許多人會與施暴的父母，或是外貌、語氣或行爲相似於父母的人產生不健康的依附關係。他們沉迷於任何能短暫獲得認同的機會，並爲此忍受貶低與欺凌，好換取認可。

縱然我們的被放逐者會在聽到自己被愛時振奮不已，然而一旦察覺救贖者把愛收回，我們的心情就會跌落低谷；彷彿每個人的腿上都拴著一把看不見的鎖四處遊走，迫切尋找帶著鑰匙、能幫我們解除枷鎖的人。被放逐者相信，當初把鎖放在我們身上的人，或是跟他們相似的人手中握有鑰匙，但這些人身上反倒帶著更多鎖；只是我們亟於從痛苦中解脫，因此忽略了這點。結果，被放逐者帶領我們接近那些有時能讓我們十分快樂，有時卻又在我們雙腿套上更多鎖、讓我們更絕望的人。我們就是這樣沉迷於那些傷害我們的人。被放逐者如此渴望從它們指定的救贖者身上獲得愛或認同，因此他們情願承受隨之而來的傷害（甚至有時候相信是自己活該）。

對許多人來說，被放逐者所挾帶的求生恐懼與自我價值低落成了主導生命的動力，不但影響我們對伴侶的選擇，也讓我們被取得或累積成就的渴望消耗。這些內在部分的渴求與盼望如此強大，即便被困鎖在內心的牢籠，依然在無意識中對我們的決定產生特殊的影響。我們生活在恐懼中，害怕所有讓我們自覺是輸家的事情；但正如飛蛾撲火，我們一再受到有可能讓我們擺脫這般咒詛的人事物吸引。只要還有獲得救贖的盼望，這些內在部分就還算穩定；但是當希望被破滅時，那就得當心了！

在某些可怕的情境下，鎖著被放逐者情緒的炸彈將被引爆。原來我們潛藏在心底深處的痛苦和羞恥是如此不穩定，就像裝滿了汽油般，一觸即發。有些事件或人際互動就像火柴，點燃了可能將我們吞噬殆盡的情緒烈焰，讓我們再次經歷被放逐者所背負的害怕、孤獨、羞辱、被遺棄、絕望和自我價值低落的重擔。若讓被放逐者主導，我們有可能變得動彈不得，執迷不悟、回到不成熟的樣子、無法入睡或專心、持續處在激動或沮喪的情緒中——精神疾病就是這樣發生的。我們無法工作，有時甚至無法從床上爬起來。這是我們內心擔任保衛者的部分最不願看到的夢魘。這就是爲什麼它們耗費大量心力，以確保被放逐者遭到流放，且我們身處的環境不會出現任何能觸發被放逐者反應的人事物；這也是爲什麼內心的保衛者要在我們四周築起高牆。當靈魂陷入暗夜時，可能會讓我們試著以新方法把被放逐者鎖起來，好修補內心城牆的缺口，並找到能轉移注意力的新事物；不過，要是我們能鼓起勇氣並得到幫助，這些足以摧毀城牆的事件就有可能帶領我們療癒自己的被放逐者，進而重生。

## 管理者

我稱那些負責讓我們能在日常生活中保持安全、擔任保衛者的內在部分爲「管理者」。對許多人來說，這些是我們最常聽見的聲音，以至於我們以爲這些聲音或想法就代表自己。雖然我們仰賴它們提供的意見、策略和判斷，卻也因此覺得自己受制於它們，或覺得它們很煩。

管理者是我們內心想控制一切的部分。它們嘗試控制你的關係和環境，好讓你永不蒙羞、被拋棄、遭排斥、被攻擊，或遭遇任何意料之外的事件與傷害。出於同樣的原因，它們嘗試控制你的外貌、表現、情緒和想法。爲了保護你，它們通常抱著「絕不再……」的理念，像是：「我絕不會再讓你這麼軟弱、黏人、依賴、敞開、信任他人、快樂、勇於冒險……」

管理者也會監督你在父母、主管，以及任何你需要依賴的對象眼中的樣子。它們會檢查讓你表現出剛強、友善、完美的面具上有無任何瑕疵，並將你與文化偶像、隔壁鄰居或其他辦公室的同事比較，讓你覺得自己不夠好。管理者會爲你分析這個世界，它的詮釋也成了你賴以爲生的準則。管理者創造了你的人生故事，並確保故事發生，形塑你所謂的身分。管理者會根據外界的回饋，以及保衛內在家庭的需要，爲你塑造「我是個好人」「我認眞工作」「我很堅強」等對自己生命的論述。而一個總是帶著好脾氣的人，自然會放逐憤怒的部分；認眞工作的人，不會把時間分給喜歡趣味或建立親密關係的部分；堅強的人則會隱藏脆弱的部分。

爲了保護你，管理者也會建立負面論述。要是你相信自己不值得被愛，或者是個失敗者，就不會願意承擔任何風險，當然就不會招致失望。同樣的，管理者也能透過它們對外在世界的詮釋控制你，像是告訴你「人們很危險」，或「生活不該充滿樂趣」。管理者奠定了你的現實。你很可能十分認同管理者的說法，以至於一輩子都不會懷疑它們對你與周遭世界的觀點。這也難怪你對眞實自我的認識，只能算是驚鴻一瞥。

管理者對我們的描述多半來自家庭或文化的影響。在我們的內在家庭系統中，管理者扮演內化者的角色，敞開我們心靈的大門，汲取我們周遭的一切價值。它們深信，我們的生存仰賴外在世界的善意，於是扮演權威，好讓我們表現得恰如其分。比方說，若你專注於觀察內心的批評者，可能會發現它的語氣、形象或用詞都和自己的父母相似——總是批評你不夠認眞或長相不夠好看。這個內在部分也會根據文化對於美感和成就的標準來評論你，並一再點出你不夠好的地方。

你的管理者就是這樣吸收並內化了你身邊重要他人與整體文化的情緒和信念。某些心理療法稱它爲「虛假的自我」，某些靈性傳統則稱爲「讓你持續與外界緊密相連的自我」。不過，同樣的，要是你以爲這些內在部分的根源看起來就跟表面上一樣，那可就大錯特錯了。它們之所以借用父母的語氣或形象，是爲了擴大影響力，但那只是個假象或幌子，並不是它們眞實的模樣。

了解管理者的最佳做法，就是明白它們會盡全力避免你接觸任何可能傷害被放逐者的事物。管理者想保護被放逐者，卻也討厭它們軟弱又黏人。管理者責怪那些脆弱的部分使我們受傷，也極度恐懼遭到被放逐者的痛苦或羞恥感淹沒。它們就像衛兵一般，總是在防備可能觸發被放逐者情緒的事物，並用盡手段避免這些事情發生。它們想改變世界，好讓一切更可預測、威脅性更低，也害怕一旦交出控制權，就會產生嚴重後果。管理者總是渴望透過支配、控制或疏離，好維持內在家庭系統的規則與秩序。

人們常埋怨管理者。因爲我們將管理者視爲：總在心裡碎念到讓人無法專心的嘮叨、永不停息的自我厭惡之聲、讓我們在人際關係中有所保留的恐懼、讓人只重視爲他人付出卻忽略自身需求的衝動、即使耗盡心力也要追求成就的動力、令他人厭煩的受害者心態，以及讓人無法體諒他人的自以爲是。管理者就是神明放在我們心裡的噪音，讓我們無法獲得快樂的祕訣。然而，一旦我們認識管理者，就會發現它們實際上比看起來年輕不少，且背負過多責任和恐懼的重擔。它們就像親職化的孩子，因爲深陷困境而變得固執又嚴苛。它們通常覺得自己並未得到應有的感激，也討厭自己扮演的角色，卻也認爲總得有人負起這樣的責任。我對你心中的管理者充滿憐憫與尊重，也希望你能這樣看待它們。

我在許多人身上發現了一些常見的管理者角色，以下會介紹一些最常見的例子，就從陪伴我們最久的「批評者」開始吧。

## 批評者：善於解決問題、渴望得到認同

你可能早就習慣內心總是不斷浮現一連串的自我評價，這些評論像是你的人生主題曲，變成習以爲常的背景噪音。剛開始聚焦在這些噪音時，你會意外：原來心

裡有這麼多自我批評。要是你夠專注，可能就會發現原來這些聲音來自幾個不同的內在部分，可從它們的動機來區分：有些善於解決問題，它們認爲自己有責任要讓你辛勤努力，並訂立高不可攀的表現標準。這些內在部分通常以不公平的方式拿你與身邊的人或媒體上的人物比較，並在你犯下任何錯誤時無情砲轟。它們也會以同樣嚴厲的方法來敦促他人。

其他批評者的責任則是讓你獲得社會認同，注重你的外表和你在人群中的表現。這些內在部分讓你總是打量鏡子裡的自己，或者不時就要量個體重，並放大你身上任何一絲缺點。它們會關注你有多受歡迎，並以自己的方式拿你和周遭的人比較。它們也會不斷評估他人的外表和人氣。

由於在保護你時肩負著不同的責任和目的，因此善於解決問題的批評者與尋求認同的批評者之間經常發生衝突。一個想要你努力不懈地往前邁進、不斷工作、讓其他人知道他們有多對你失望；一個則希望你對大家都很友善，好討人喜歡、永遠不讓自己的表現威脅到任何人，並把時間花在社交上，確保自己擁有朋友。這又是一個兩極化的例子。擔任保衛者的內在部分經常出現許多兩極化的情況，常爭執怎麼做才是保護你的最佳方式，就如同政治人物在管理國家上，經常意見相左。兩極化現象也會出現在這兩種批評者與另一種管理者之間，它就是悲觀主義者。

## 悲觀主義者

想到冒險，你心裡會有什麼變化？如果你和我一樣，必定會發現有個悲觀、絕望的聲音（有時甚至是一大群）立刻搶走你心裡的麥克風，試圖說服你別這麼做。我心中的那個聲音老是垂頭喪氣、興致缺缺的，只要我開始想做些改變，用作家格瑞格．勒佛伊（Gregg Levoy）的話來形容，「我的夢想馬上會被一堆警告和命令給包圍，就像抗體團結起來對抗病毒入侵。」要是我堅持冒險，悲觀主義者就會立刻化身批評者，試圖指出我的缺點，提醒我過去所有的失敗或遭到拒絕的經驗，好削弱我的自信。作家安妮．拉莫特對她自己心中的悲觀主義者再熟悉不過，並稱之為「壞心眼」。當車子在車陣中故障時，她寫道：

簡直是場惡夢。我的壞心眼立刻開始作怪，迫不及待要把握這個機會，它說：「我就說會這樣吧。」壞心眼在我耳邊呢喃，告訴我，我是個失敗者，所以注定一敗塗地。感覺起來它有點像個偏執狂。

我們通常痛恨悲觀主義者，因爲它顯然是我們通往成功與幸福之路上的絆腳石，以至於我們容易忽略它在本質上其實是想保護我們。若拉莫特能抱持關懷之心審視自己的壞心眼，並向它提問，就會發現一切與她所想截然不同。從我與自己以及個案的悲觀主義者無數次對話的經歷中，我猜她內心的對話大概會是這樣：

拉莫特：爲什麼你總是要罵我、讓我心情很糟？

壞心眼：因爲你是個失敗者，你犯了無數錯誤，壞事也總會發生在你身上。

拉莫特：對，有時我會把事情搞砸……也許買那輛車前，我應該再考慮久一點。但你老是這樣損我也沒有幫助啊。要是不這麼做的話，你怕會產生什麼後果嗎？

壞心眼：要是我不這麼做，你一定會犯下更多錯，也會一再經歷失望。

拉莫特：所以你其實是想保護我免於失望？

壞心眼：沒錯。你總是不顧後果、魯莽行事，因此一再受傷。

拉莫特：你爲什麼覺得我是個失敗者？

壞心眼：因爲你媽這麼說。她說你很懶惰。國中時拒絕你告白的那個男生也這麼說。

許多罹患憂鬱症的人都是受到悲觀主義者支配。若悲觀主義者認爲必須阻止你做任何事情，才能避免你受傷，很可能會讓你覺得自己對任何事都提不起勁、懶洋洋、絕望，或認爲自己毫無價值。悲觀主義者不只成功地使你失去行爲能力，還有效地壓抑了被放逐者們更不受控制、更強烈的情緒。

## 照顧者

西方文化使得男性在社會化後，學會讓積極進取、自主獨立，且爲所欲爲的管理者主導自己，且許多女性至今仍被教導要讓照顧者來主導一切。照顧者承擔了照顧周遭人們福祉的責任，在你內心的優先事項清單中，將他人的幸福置於你自己的幸福之上。你可能老是擔心其他人過得如何，或是承擔了更多工作，或是犧牲自己的空閒時間來照顧別人，並讓他人依賴自己。你可能深信，其他人比你更有價值，因此若你不爲眾人服務，就沒人會喜歡你。擔任照顧者的內在部分常會建立在讓伴侶或子女依賴你，但同時也利用你、不尊重你的關係。

## 受害者

我在個案和自己身上發現，有個內在部分能扭曲、放大任何一點小事，以至於我們完全認定自己是受害者，且需要獲得重大補償。過去，只要妻子讓我覺得內心受傷，這個部分就會接管一切，並要求她跟我道歉，還要聽我詳述她如何傷害我的心，並發誓絕不二犯。這個內在部分會把我妻子傷人的行爲，跟她過去做過的事，以及其他人對我做過的事都記錄在一起，讓我經常提醒自己，也提醒她。

這個做爲受害者的內在部分有時也會爲我傷人的舉動找藉口，主張我是因爲過往的遭遇才會這麼做，並讓我覺得自己應該獲得更多資源或負更少責任，以做爲補償。當其他人忿忿不平地埋怨「你不過是在自怨自艾」時，他們所批評的就是這個受害者部分。遺憾的是，我們的文化充斥著這樣的訊息，嚴重影響我們同理任何內在部分的能力。

## 模仿「自我」的部分

進行諮商時，我多次發現，透過ＩＦＳ療程，個案會進入一種似乎展現出諸多「自我」特質的狀態，但諮商過程卻無法順利向前推展。個案似乎對自己的內在部分或伴侶充滿好奇與關心，但如果我仔細聆聽他們的話，就會發現他們的言行背後潛藏著其他目的。

比方說，進行伴侶諮商時，有位妻子很氣自己的丈夫，而丈夫看起來很能理性地接受妻子的話，彷彿丈夫已經展現「自我」，但妻子還停留在受害者的部分。然而當我更仔細注意丈夫的語氣和用詞時，卻注意到他不過是空泛地應和、保持著「安全距離」，甚至還有些優越感。換言之，雖然丈夫看起來很在乎妻子，但實際上心胸並未敞開，並透過理性的內在部分扮演「有條不紊」的樣子。

當我處理他的內心世界時，這個模仿「自我」的內在部分還會與其他部分互動。我不懂爲什麼其他內在部分的表現，和別人的內在部分在「自我」出現時的反應不同。我花了一點時間才發現：原來這是個模仿「自我」的內在部分（而非眞正的「自我」），因爲我自己身上也有這樣一個部分。

因爲這個部分看起來跟「自我」無比相似，因此對許多人來說，它是最難察覺到的保衛者。唯一讓我能察覺到自己心中存在這個部分的方法，就是檢查我的內心開放的程度，並留意自己與人互動時是否帶著任何目的。

管理者的類型還有很多種，你可能也會發現自己身上有些獨一無二的管理者。因爲管理者會施加諸多限制，使得我們往往對它們又愛又恨，正如同自己面對強勢的父母、主管或伴侶時的反應。我們討厭這些內在部分嚴厲批評我們、讓我們動彈不得或在意他人的眼光，因此渴望擺脫它們好獲得自由；但在此同時，我們也覺得自己必須依賴這些部分的引導和保護。對許多人來說，管理者一直都在，要是少了這些吵鬧的心聲和內心的天人交戰，感覺反而有點奇怪、可怕。

「要是我不罵自己懶惰、動作慢，我可能就會不夠努力；要是我不把照顧他人放在自己的需要之上，可能就沒有人會喜歡我；要是我讓人看見眞正的自己，就會遭到拒絕。」我們靠著這些內在部分才走到今天，何必冒險擺脫它們呢？此外，如果所有內心的噪音或外在的活動都停止了，我們可能就會被拖進被放逐者的絕望世界裡。

要與管理者建立良好關係，我們必須理解它們所承擔的責任、持續面對的壓力，以及爲了保護我們而做的犧牲。**誤解內在部分的本質，是使人痛苦的一大根源**。有些管理者的所作所爲使我們無法盡情享受人生，導致我們起身對抗它們，也厭惡它們的存在。帶著各種善意的諮商師鼓勵我們挺身面對內心的霸凌者、把「關係成癮」的照顧者心聲甩到一旁、戰勝充滿恐懼的悲觀主義者，並放逐我們內心的偏執狂。這些諮商師要我們用肯定抵消內在批評者的聲音，並透過詮釋以矯正它們的非理性信念。

對抗限制我們的管理者自然有理，要是有效的話，大可以這麼做。但實際上根本沒用，因爲這種做法建立在一個錯誤的前提上：對內在部分而言，它們所扮演的角色不過是表面，就像書的封面一樣。深入認識這些內在部分後，你會發現，大多數管理者都被自己扮演的角色給累垮，而它們的作用其實遠超過這些角色所能涵蓋的。我從來沒看過任何完全邪惡或毀滅性的內在部分。文學家愛默生曾說：「雜草又是什麼呢？我們不過還沒發現這種植物的用處罷了。」要是我們覺得內在部分就像需要拔除的雜草，那是因爲我們還沒花時間領悟它們的美好。

詩人里爾克深明此理。在安慰一位被自我批評和懷疑壓垮的年輕詩人時，他分享說，要是停止對抗這種懷疑，「有一天，這種念頭不會再摧毀一切，而能成爲最出色的幫助者，也許是所有形塑你生命的所有念頭中，最具智慧的一個。」

有些管理者則面臨完全不同的問題：我們太喜歡它們了。這些管理者就像親職化兒童，過度承擔責任和權力。我遇過不少個案，有些人依賴自己聰明、懂得解決問題的內在部分來做所有決定。這些內在部分似乎能理性權衡所有資訊，但最終都傾向安全卻狹窄的道路，而非需要與人建立親密關係或情感的選擇。我們的文化推崇、獎勵這些內在部分，因爲它們能幫助我們興建吊橋、開創網路事業，使我們越來越依賴它們。我們允許這些內在部分將我們與那些更願意冒險、更親密、更豐富多彩的情緒隔離開來。

在關於管理者的討論中，我必須強調一點：它們已盡全力保障我們的安全；且對於大多數人來說，這並不是一份簡單的差事。世界充滿貨眞價實的危險，像是疾病、貧窮、犯罪、歧視、壓迫；視家族和文化史而定，我們也可能因此繼承了更多恐懼；更別提我們曾在童年時期經歷不同程度的拒絕、遺棄、背叛和羞辱。這些因素在在導致我們對「自我」自然的內在領導失去信心。

管理者在我們過去某些可怕、創傷的時刻接管了主控權，並宣示絕不讓我們再經歷相同的遭遇。它們知道，要在這個世界上生存有多不容易，並決定把我們塑造成最容易被世界接納的模樣。它們知道，被放逐者所懷抱的情緒有多沉重，並發誓要保障我們的安全。從某方面來看，管理者犧牲了享受生命的機會，好保護內在家庭系統的其他部分。

## 救火員

即便管理者努力在我們四周築起防禦工事，並控制我們、我們的關係與外在發生的事件，這個世界有時還是能找到機會穿透它們的防衛，引爆被放逐者的情緒。基於前面所討論的所有理由，這是一種非常具有威脅性的狀態，彷彿核子反應爐即將失控、發出紅色警戒的恐慌狀態，讓人瀕臨崩潰。這種時候，有些內在部分會採取行動來滅火，所以我稱它們爲「救火員」。

如此形容這群內在部分似乎有些奇怪，因爲從某些方面來看，它們更像是在我們生活中放火的縱火者。然而，我之所以稱它們爲救火員，是因爲這個詞彙能幫助人們聚焦於這些部分保衛我們內心的本質，儘管它們會搞破壞。救火員會用盡全力讓我們脫離紅色警戒。請思考一下：當你開始感覺到傷害、空虛、無用、羞恥、拒絕、孤獨或恐懼帶來的劇烈痛苦時，首先爆發的衝動是什麼？你在衝動之下會做些什麼，好排遣自己的一肚子火？又有哪些衝動只停留在你的幻想中？

對許多人來說，我們在與管理者達成妥協後，會沉溺於更能爲社會所接受的衝動，像是工作、飲食、運動、看電視、購物、節食、調情、睡眠、處方藥物、抽菸、咖啡、做白日夢和幻想、賭博、靜心、追求刺激的活動……這一切都是爲了讓我們不去注意熊熊燃燒的情緒，直到火勢自己沉寂下來或被熄滅。

如果我們的做法不管用，救火員就會採取更極端且不爲人接受的手段，例如服用非法藥物、酗酒、自殺想法或行爲、陷入暴怒和支配性行爲、自殘、衝動的性行爲、外遇、偷竊，或是進入惡質的關係中自我懲罰。許多個案的救火員只要一遇到問題，往往立刻訴諸第二種方法，因爲長期下來，它們發現第一個清單裡的方法不足以撲滅熊熊燃燒的情緒。只要有用，救火員幾乎會運用任何思維、行爲或物質。

對某些人來說，救火員所利用的是他們的身體。突如其來的疼痛或疾病有助於讓人分心。救火員可以放大早已存在的生理疼痛或疾病、降低我們身體對病毒或細菌的抵抗力，或是誘發能導致遺傳疾病的生理機制。從這種角度來看，把人的思考與身體的生物化學反應二分的觀念毫無意義，因爲身體與心靈的關係其實更密切交織：內在部分對生理狀態影響深遠，反之亦然。我們對待自己身體的方式，像是飲食、睡眠、運動、工作、跳舞、按摩和靜心的時間長短，會大幅影響不同內在部分平靜或沮喪的程度。

還有一群救火員偏好立即撤退。若他們察覺自己即將遭到拒絕，就會逃跑或推開可能拒絕自己的人。我們往往意識不到它們的行動，只注意到自己有想逃跑或發洩情緒的衝動。這些救火員會讓我們突然想逃離充滿威脅的環境，或讓我們變得昏昏欲睡、迷迷糊糊、暈眩或麻木。有些個案在我們接近被放逐者時，會突然完全陷入沉睡、腦袋一片空白或覺得暈眩。

我眼中的救火員多半是青少年的形象，得照顧正在嚎啕大哭的嬰孩；但無論他做什麼，似乎都沒有用。這位小保姆會嘗試把一些東西塞到嬰兒嘴裡，好讓他冷靜下來（例如食物、藥物、酒精），或是迫切地想找其他人來照顧這個嬰兒（調情、偷情），又或是一邊找出能讓自己和其他人都能轉移焦點的事物，一邊等待嬰兒自己停止哭泣（看電視、靜心、購物）。如果這些做法都沒有用，這位受挫的年輕人很可能會把嬰兒扔進衣櫃裡關起來，掩蓋他的哭聲，希望嬰兒會自己睡著。這幅畫面傳達了我在面對救火員時，漸漸產生的憐惜。它們肩負著令人厭倦的工作，還經常遭受管理者與周遭人們的厭惡和攻擊。

無論管理者或救火員，都試圖保護你的內在家庭系統，只是做法截然不同：

管理者想先發制人，試著預測所有可能挑動被放逐者情緒的狀況，並企圖控制周遭的環境，好確保你的安全——大多數管理者也想討好他人。

救火員則是臨機應變型的，他們會在被放逐者的情緒爆發、內在家庭失火時立刻展開行動。由於情況緊急，它們只能不顧後果地衝動行事，有時會讓你感覺失控，也經常使其他人不滿——這些是可能導致你肥胖、成癮、惡毒、偷偷摸摸、生病、不體貼和無法自制的內在部分。救火員就像使徒保羅說的：「因爲我所做的，我自己不明白；我所願意的，我並不做；我所恨惡的，我倒去做。」（《聖經．羅馬書》第七章第十五節）正如保羅所說，管理者通常很討厭救火員，儘管它們和管理者一樣，都只是想保護我們，不過方法不同罷了。結果卻是救火員會將行動的毀滅力道升級，好對抗管理者嘗試推到它們身上的羞愧感。

大多數人很難相信，有害的衝動其實都來自立意良善、只是扮演著壞人角色的內在部分。我處理過許多個案心中看似邪惡的內在部分，像是性犯罪者、行爲偏差的孩子，還有性侵受害者。這些內在部分說自己是魔鬼、想殺死我、猥褻過小女孩、在路上隨機攻擊行人，或是會在個案生命中重現過往受到的傷害。然而這些內在部分的故事都很相似，它們都立意良善，只是扮演了壞人的角色，有些還是奇怪的反英雄角色。

它們之所以如此憤怒或性欲旺盛，是因爲當個案遭到傷害時，它們承擔了整個內在家庭系統面臨的攻擊。如同保鑣會做爲肉盾站在保護對象前，抵擋攻擊者的侵襲，這些內在部分也犧牲了自己來保護我的個案們。在攻擊當下，它們留在原地，好讓其他部分能躲起來，因此，它們吸收了大量來自攻擊者的有害能量，這種能量促使這些部分做出自己不喜歡的行爲。

我曾面對不少性犯罪者，人數足以讓我深深明白他們在童年遭受虐待、忽視和失去時，放逐了多少傷痛與羞愧感。詩人朗費羅（Henry Wadsworth Longfellow）曾說：「要是我們都能了解敵人不爲人知的過去，就會發現每個人的生命中都承擔了許多傷痛與苦難，足以化解敵意。」

當救火員掌控大局時，可能會讓我們感覺自己被某種失控的東西所宰制，這使得救火員經常成爲我們妖魔化的對象。我們開始在內心反覆上演天使對抗惡魔的惡性循環，認爲有個部分就是邪惡無比，必須根除。這個部分就像被趕出家門的孩子，會感到受傷、羞辱和憤怒，結果變得更加極端、叛逆，也更努力嘗試爭奪主導權，然後正義的管理者又更努力嘗試消滅救火員。遭受過幾次攻擊後，有些救火員就和某些孩子一樣，開始幻想摧毀整個內在家庭系統，變得危險不已。但經驗告訴我，要是能逆轉這樣的循環，並以尊重和關懷對待救火員，就算是那些看似邪惡的部分，也會很快就放下看似想毀滅一切的表象。

不過，絕不能忘記的是，無論我們如何同理救火員，只要有火需要撲滅，它們就不會改變。換句話說，除非它們嘗試保護或分散你注意力的被放逐者痊癒，否則救火員原先的衝動就不會消失。

也別忘了，並非所有救火員都如我們先前提到的那麼可怕或極端。我的某些救火員讓我無時無刻不在工作、渴望吃甜的或油膩的食物，還有想放空。因爲這些救火員在我們的文化中無所不在，看起來正常不已，直到我坐在電腦前、打開冰箱或電視來逃避時，才會留意到它們的存在。只要仔細想想，就會發現有些國家（包含美國在內），其經濟有一大部分都建立在提供活動、物質和商品，好幫助救火員讓我們能轉移注意力和麻痺情緒。它們讓我們不去留意國家或自身面對的傷痛。要是所有人都能療癒自己內在的被放逐者，股市說不定很有可能會崩盤，但我們也就不必忍受存在於國家內部的各種不平等，以及使社會失衡加劇的政客。

## 捨棄救火員、管理者與被放逐者的角色

救火員讓我們無法進入專注於當下、體現眞我的「自我」。好消息是，一旦拋棄了極端的角色，救火員通常會變成我們最活潑、歡樂，也最具韌性的部分。它們對生活充滿熱情，並有可能成爲強而有力的啦啦隊。想想看，當你因爲遭他人冒犯而生著悶氣，或是鎮日幻想能擁有靈魂伴侶時，若能把這些精力用在專注在當下、充分享受自己現在所做的一切，你的生活會有何改變呢？若能把想大吃大喝的強烈

衝動，轉化爲自信和專注力，幫助你與人建立連結，又會如何呢？儘管很難令人相信，但這些轉變皆有可能，因爲我們的內在部分遠不只是它們被迫扮演的角色那麼單純。

這三種類型的內在部分（被放逐者、管理者與救火員），源於你在生命中累積的所有痛苦和羞愧，以及外界教你處理這些事情的方式。由於你從未學過如何療癒這些情緒，因此只好放逐它們，導致你需要保衛者存在。這三種內在部分如此極化，只要有一方主導，就會嘗試控制你的所有體驗，深恐要是讓其他部分接管，你就會做出它們認爲危險的行爲。當內在家庭系統以這種方式運作時，你對外在世界的認知就會變得匱乏。

舉例來說，許多讓管理者主導的人，過著單調無味的生活，總在爲了保障自己的安全籌算；讓救火員凌駕一切的人，心裡總是惴惴不安，因此不斷尋找一個又一個能讓自己轉移注意力的事物，永遠不敢停下腳步，深怕被放逐者會追上來。至於讓被放逐者征服的人，經常處於嚴重退化，充滿恐懼、悲傷或羞愧的狀態。任何被單一內在部分控制的人，都會顯得僵固且心胸狹窄，因爲他們只能展現極小部分的自我。

只要汲取並應用「自我」與生俱來的療癒資源，你會逐漸發現，管理者、被放逐者和救火員都消失了——並不是你的內在部分消失，只是它們變成了自己更喜歡的樣子。這時，你會覺得自己更加完整、踏實，情緒和表達也變得更加豐富。即使人生遭遇風暴，你仍能察覺自我在各種內在部分的波瀾起伏之下，展現出深沉、令人平安的寧靜感。你能成爲位於颱風眼的「自我」，站在能安撫內在部分和周遭人的位置。因爲你的內在部分不再背負恐懼、羞愧、憤怒、絕望等重擔，就也能與彼此共處，信賴自我的領導，也享受自己扮演的角色。內在部分成爲你的盟友和顧問，提供不同的觀點，也讓你熱情投入當下的體驗。

在這種狀態下，過去會觸發直覺反應的事物不再能發揮任何作用，你也可以打破一直以來，在工作、親密關係、身體、創意等方面的固定模式。

舉個例子，我有位名叫布瑞特的個案，被一個自以爲是、花花公子型的救火員主宰，總是四處尋找下一次獵豔的機會：他總是先迷上某個對象，一旦成功引誘對方上鉤，很快就會失去興趣，接著又開始尋找下一個目標。後來，他終於找到了自己的眞命天女，但儘管他再怎麼努力，卻還是重蹈過去的覆轍。

當我問起他的性經驗時，布瑞特說他其實不怎麼享受性行爲，那不過是釋放壓力罷了，眞正讓他感到雀躍的，是獵豔的過程。在與導致他產生這種慣性的內在部分溝通後，我們發現，原來這個部分擔心，要是不持續尋找新歡，布瑞特就會覺得自己一無是處。布瑞特的症狀就如同喜劇演員格魯喬・馬克思（Groucho Marx）的名言：「我才不屑加入想讓我成爲會員的俱樂部呢。」只要有女性對布瑞特示好，布瑞特就會喪失對她的尊重，因爲他覺得，喜歡他的女人一定有問題。這些女性無法再塡補他自我價値低落帶來的空虛，使得救火員不得不另覓對象。

在我們釋放布瑞特其中一名被放逐者背負的自卑重擔後，救火員也放下了四處調情的角色，開始幫助布瑞特尋找在生活其他面向展開冒險的機會。他開始攝影，並與自己心愛的女性前往有趣的地方旅行。他說自己的性生活也有所改善，因爲他不再覺得性行爲只是自我安慰的循環中某個單調、不痛不癢的面向。現在，性愛成了一場美妙的舞蹈，充滿從單純的驚嘆到冒險實驗等各種情緒。布瑞特不再需要伴侶愛慕他或欣賞他的性能力，而能享受伴侶在做愛過程中展現的各種姿態，並使自己專注於讓伴侶快樂，更讓彼此快樂。

你可能已經猜到了，ＩＦＳ**這套方法就是要改變內在家庭的政治生態**。某些特質主導了我們生長的文化與家庭，並排斥了其他特質，導致我們的內心也反映出這種階級設定。閱讀這本書，就是要顛覆這樣的觀念，讓內心世界不再受獨裁專制政府掌控，而能由多方通力合作，讓每個內在部分都感覺受到尊重、能自由做自己喜歡的事，並信任「自我」不霸道、由心出發的領導。

# 第五章

# IFS 諮商模式

世界各地有越來越多心理或精神方面的專業助人工作者採用ＩＦＳ。本章旨在幫助你概括性了解ＩＦＳ在諮商中的運用，以及身爲個案，當你遇到一位ＩＦＳ諮商師時，會發生什麼事。

# 探索內心的過程

## 開始之前

如果你和大多數人一樣，當ＩＦＳ諮商師要你專注於自己的內心時，一開始可能會有些不情願，因爲你或許會對自己即將發現的眞相感到恐懼。諮商師會尊重你的抗拒，並幫助你探索這種心理。在ＩＦＳ諮商中，我們不會對個案施壓，要他們在不自在的狀態下加深、加快對內心的探索；反而會問你，對於深入內心世界有何疑慮，並與你討論如何處理這些擔憂。多年來，我們已經掌握了一些具體的方法，能安全地讓個案在深入內心世界、甚至是那些充滿情緒的領域時，仍不至於崩潰。諮商最重要的一點，就是讓個案感到安全；而我們需要你的回饋，才能知道你何時感到不安。

剛開始接受諮商時，你並不清楚這個過程有多安全，因此你自然有權利請諮商師先解答你的疑慮，再讓他們帶領你踏上探索內心的旅程。若你認為諮商師的保證不足以令人信服，或覺得時機不恰當，絕對有權利拒絕開始。換言之，諮商的進程由你自己控制。只要覺得有壓力，或察覺到其他任何問題，都可以立即向諮商師反應。IFS諮商師受過訓練，會仔細聆聽你的回饋，並認眞看待你的意見。我們知道，個案未必總是能如我們期待的那般敏銳或有覺察力，而我們也重視你的認知，因為這能幫助我們更加了解你個人的需求。

你或許會發現，當諮商師問起你不同的「內在部分」時，你會有點生氣。有些人早已習慣用這種說法來釐清自己的內心，因此不會有什麼意見。畢竟我們很常聽到這種說法：「有部分的我很氣我的伴侶；但另外一部分的我又覺得是自己錯了。」「部分的我喜歡寫作；但另外一部分的我擔心遭人嘲笑。」或是「有部分的我很開心能來到這裡，但另外一部分的我希望自己還賴在床上。」我們很自然地會以「部分」來形容自己不同的思緒和感受。ＩＦＳ諮商師要你專注於內心，是爲了幫助你了解，內在部分遠不只你所想的那麼簡單；另一個原因則是要你傾聽內在部分的心聲，幫助它們放鬆。

但要是你無法適應這種談論「內在部分」的說法，請告訴你的諮商師，他們會改用其他你偏好的用詞。有些人會希望繼續使用常見的詞彙，像是「思緒」和「情緒」，有些人則喜歡用自己的不同「面向」來形容。用什麼詞不重要，且容我再說一次，一切由你掌控。

在你同意深入探索內心後，諮商師會問你希望先探索哪個部分。以多年經驗來看，我們發現從某些部分開始更安全，這是因爲人類的內在家庭系統會歸類成自我保護的部分和需要受保護的脆弱部分。當你考慮專注脆弱的部分時，可能會出現一些要你別這麼做、想想諮商師或諮商過程是否值得信賴，或是嘗試讓你分心的想法。這種自我保護部分的想法很常見，也很自然。保衛者的責任，就是小心翼翼，在認爲安全無虞之前，不讓任何人進入你的內在家庭系統。

ＩＦＳ諮商師可能會鼓勵你聆聽這些保衛者的心聲，先專注探索這些想法，再靠近脆弱的內在部分。他們可能會請你傾聽這些內在保衛者的恐懼，並告訴諮商師它們在害怕什麼。保衛者常有的恐懼包括遭到諮商師批評、被脆弱部分的情緒壓垮、做錯事、無力改變任何事而不願嘗試等。受過訓練的ＩＦＳ諮商師能與你討論這些恐懼，並向保衛者保證，你將以安全的方式處理這些恐懼。接著，你會詢問保衛者對諮商師的回答是否滿意，並看看它們是否允許你接觸脆弱的內在部分。

以上這些話看起來像是諮商師要你和自己對話——某方面來看確實如此。你是否曾感受過不知來由的悲傷，但過了一段時間後，答案便自然浮現？ＩＦＳ的諮商過程就像這樣。當個案探索內心時，會鎖定一個想法或感受，提出問題後，耐心等待內心浮現答案，而非嘗試猜測或想像內在部分會怎麼說。這看起來可能有點奇怪，你也有可能覺得自己做不到，但經驗告訴我們，克服最初的不自在後，個案往往會驚訝地發現，自己其實有能力展開有意義的內在對話。

## 與內在部分分離

鎖定內心世界後，有些人會開始想像，彷彿能「看見」自己的內在部分；但大多數人只是聽到一些模糊的聲音，或隱約感覺到內在部分的存在。當人們內心習慣大權在握的保衛者不允許他們傾聽或相信這些聲音、畫面或感受的眞實性時，人們就無法順利進行IFS諮商。若發生這種狀況，諮商師可能會請你問保衛者，爲什麼害怕對其他內在部分敞開心房。若沒有任何恐懼浮現，但你的心門仍然隔著一層紗，你和諮商師可以暫時討論其他事情，過一段時間後再回頭嘗試。有時自我保護的部分需要一點時間，才願意讓你深入探索。我們會尊重它們的步調。

只要成功掌握並找到內在部分後（人們通常會覺得這個內在部分存在於身體某處，並把那當成焦點），諮商師就會問你對此有何感覺。如果你的家庭和文化看重你的某些內在部分，而恐懼或討厭其他部分，那麼你的內心世界很可能也會反映這種觀點。比方說，許多人成長在不允許直接表達憤怒的家庭裡，於是他們會壓抑想抗議家中不公平之事或爲自己發聲的內在部分，讓它變得沒有自信。有些人可能內化了家庭對憤怒的信念，於是只要開始出現生氣的念頭，就會立即批評自己，並趕緊轉移焦點。

這個例子正好說明了IFS所謂「兩部分之間的內在極化現象」。想像一下，當這類個案開始聚焦在憤怒的部分，而諮商師問他們對該部分有何感覺時，他們很可能會說自己對它感到恐懼或厭惡。當你對內在部分感到害怕或嫌惡時，就很難展開有意義的對話。諮商師聽見你的回答後，就會請你問令你害怕或討厭憤怒的部分（或有極端情緒的部分），是否願意「後退」，也就是讓你與它們的情緒分離一段時間，好讓你能更深入認識憤怒的部分。

讓我更清楚地解釋這個概念。想像你是一個團體的領袖，團體成員之間可能有許多衝突，而諮商師正嘗試幫助你讓這些人冷靜下來。每當你開始跟某人說話時，另一個人就會覺得你打算爲對方撐腰、賦予他們更多權力，於是他開始試著影響你，想讓你討厭並遠離那個人。大家都在爭奪你目光的情況下，諮商無法有什麼太大的效果。但要是你能在不受其他人干擾的情況下，與每個人分別對話，就能和每一方建立值得信賴的聯盟，這將對未來的協商大有助益。這就是爲什麼諮商師經常要某個內在部分後退，好讓你能與另一個部分對話。

面對某些內在部分時，你可能認爲靠近它們絕對不安全，又或是你必須有保衛者的保護，才能全身而退；你很可能希望擺脫某些內在部分，或至少將它們鎖在內心深處。舉例來說，大多數人不認爲靠近自己的絕望、內心殘酷的批評者、恐懼、憤怒等部分有什麼意義。如果怎麼做都不會讓這些內在部分改變，那確實沒有理由接觸它們。但IFS的一大發現，就是只要認識這些部分、了解它們背後的動機，也就是見證這些部分過往的經歷，了解它們爲何被迫扮演現在的角色，這些部分就會有所改變。

事實證明，沒有任何內在部分從本質上就是不好的，它們不過是被迫扮演壞人的好人，並因爲過往的遭遇而背負極端的信念或情緒。只要我們能不帶偏見，懷抱著好奇心或以開闊的心胸面對，這些部分最終都會變得有價值。雖然令人難以置信，也絕對與西方心理學教導我們看待這些內在部分的觀點背道而馳，但事實上，這些事每天都在世界各地的IFS諮商室中發生。

若某個部分應你的要求後退了，你自然會發現自己的態度、情緒和觀點立刻發生變化。這時，諮商師很可能會再度問你，對於原先要面對的內在部分有何感受。你可能會注意到，自己現在轉向另一種極端。

仍以憤怒爲例。假設你原先很討厭並想擺脫憤怒的部分，但是厭惡憤怒的部分後退時，你突然對自己的憤怒感到恐懼。若出現這種狀況，諮商師會請你要求恐懼的部分也後退，再繼續要求其他部分一一後退，直到你開始對最初要處理的憤怒產生例如好奇、同理、自信或平靜等感受。諮商師不會硬要你產生這些感覺，你也不必試著這麼做，諮商師只會持續請你其他的內在部分後退，直到你自然而然進入這樣的狀態。

## 撥開重重迷霧，看見自我

與內在部分分離後，自然而然出現的領導特質正是IFS的另一項重大發現：原來人人心中都有這類特質。內在部分承擔了你此生從家人、創傷經驗和文化吸納的一切非理性、不健康的信念和情緒；而IFS則稱這些信念和情緒爲你的「重擔」。隨著內在部分離開，只剩下「你」存在，你就會開始經歷並展現這些珍貴的領導特質（好奇、同理等），因爲這才是你眞正的模樣。只要內在部分相信與你分離是安全的，你就能逐漸展現更豐富的「自我」特質。在這種「自我」的狀態中，你會發覺自己與內在部分的對話十分順暢，且能直覺掌握如何傾聽和幫助內在部分。

這時，諮商師的主要任務就是幫助你維持「自我」，並留意你何時脫離自我，抓出嘗試干擾自我對話過程的不同部分，並請它們相信你，往後退。

這樣的過程聽起來容易，如果內在部分十分信賴你的「自我」，確實就能很順暢地進行這道程序。但不少個案發現，要求內在部分退後時，內在部分不肯照做。這很可能發生在你身上，至少剛開始面對極化程度較高的內在部分時，會是如此。不願意後退的部分通常承擔了你對健康幸福的大部分需要，並擔心要是它離開了，就會發生糟糕的事。其他部分則是害怕，要是放下掌控權，就會被關起來或消滅；又或是被你想處理的那個內在部分取而代之。

內在部分不願意讓「自我」來領導的原因有很多。當你的內在部分不願後退時，諮商師不會強迫它們，而是讓你問問這些部分為什麼害怕與你分離。這些部分通常都會提出很好的理由，諮商師必須予以應對，直到你的內在部分覺得滿意，相信它們害怕的事不會發生，或是能以安全的方式解決為止。

在IFS的諮商過程中，從不需要對內在部分施壓或懇求它們改變，而是試著傾聽它們、向它們提出保證，並尋求它們的同意。我們非常尊重你內心世界的保衛者，因為它們盡己所能守護你的安全，儘管它們的努力有時會令人感覺到不必要的壓抑或破壞。它們有權關上通往你內心脆弱之處的大門，沒有它們的允許，我們不會擅自闖入。

有時，這些內在部分的恐懼是不合時宜的，它們可能困在過去的某個時刻，而當時它們必須以某種方式保護你。只是它們不知道，無論是現在的狀況或是你本人，都已改變了不少。有時，你的內在部分只是需要了解最新的狀況；而其他時候，內在部分的恐懼其來有自，它們可能擔心你或諮商師沒想到的後果。比方說，要是你更靠近自己的憤怒，可能會決定離婚、與父母斷絕關係或是離職。你也可能觸碰到與憤怒相連的悲傷，導致情緒崩潰。你和諮商師可以與內在部分討論，看看它們的恐懼是否有理，以及若是有理有據，又該如何處理。

幸運的是，在探索內心保衛者的恐懼多年後，我們發展出了一些方法，來處理情緒崩潰等最常見的恐懼。但有些恐懼可能是你的情況所特有的，這時諮商師會跟你一起找出最好的解決方法。有時你和諮商師可能會同意保衛者的恐懼合理，但目前無能爲力，於是決定讓通往該部分的大門繼續深鎖，日後再回頭處理。

## 如大蒜般的人心

如此看來，IFS諮商可能相當迂迴。從處理某個部分開始，要是卡住，就轉向抵抗的那個部分；處理該部分後，赫然發現自己到達完全超出原先預期的地方。

IFS諮商師相信，每個人的內在家庭系統有自己的節奏和智慧，知道該怎麼做。我們讓你的內在家庭系統按自己的步調開展，只在感覺某個部分試圖混淆方向或轉移焦點時，才會提出指引。即便在這種時候，我們也會請內在部分直接表達自己的恐懼，而非以間接的方式來保護自己。我們也會持續鼓勵你的「自我」來領導。

個案第一次探索內心世界時，對內心保衛者造成的衝擊，有時會超過原先它們所容許的程度。若發生這種狀況，你可能會有「不要再繼續諮商」的想法，或是即使重返諮商室，也不讓諮商師再次帶領你深入內心世界；甚至有可能在諮商結束後的那週，做些奇怪的夢或湧現神祕的情緒。這不會只發生在第一次探索內心世界時，也可能在繼續內在探索之旅的過程中反覆發生。有些狀況是當內在家庭的生態受到干擾時，可以預期的自然反應；有些則代表諮商師的步調太快或探索得太過深入。我們會請個案與諮商師分享這些反應，並加以探索和評估。IFS諮商師應該敏銳體察你的意見，並據此調整做法。

此外，若你覺得諮商師並未完全專心，或是諮商師的某個內在部分使你困擾，也請務必說出來。諮商師知道自己正在鼓勵你深入脆弱而神聖的心靈境地，並希望你相信，他們在過程中會完全與你同在。諮商師會接納你對此的觀察，也會認真看待你的意見；他們會傾聽自己的內心，看看是否察覺自己的某個內在部分浮現，並告訴你他們自我省察後的結果。

也就是說，IFS**是一種合作的療法**。你的「自我」和諮商師的「自我」會一起展開深入你內在家庭系統的療癒之旅。只有你最清楚自己的經驗，也就是你在這趟旅程中經歷的一切；諮商師則最了解如何幫助你在這段旅程中維持自我領導。一開始，諮商師可能會在一定程度上引導你，但漸漸的，你會自然地主導治療的方向，而諮商師會尊重並鼓勵這種傾向。

再次回頭看看憤怒的例子。假設經過一番協商，保衛內在家庭系統的部分允許你開始認識自己的憤怒，你想了解些什麼呢？如果憤怒眞的是個困在壞角色的好部分（被迫扮演「愛生氣的那個」），你自然會想釐清是什麼讓它困在這個角色上。若你發自內心對內在部分提出這種問題，很可能會聽見它說自己與哪些部分對立，又或是在試圖保護哪些部分。憤怒的部分可能說，它害怕自己要是不生氣，你就會受傷。繼續追問下去，你會發現，憤怒的部分原來是在挺身保護那些容易受傷的脆弱部分。因此，在這段療癒的旅程中，你首先認識了試圖掌控一切，並害怕憤怒的保衛者。它們允許你和憤怒的部分對話，結果你又發現，原來這個憤怒的部分也是某個脆弱部分的保衛者。接著，諮商師可能會請你徵求憤怒部分的許可，好讓你接觸它所保護的脆弱部分。

這是ＩＦＳ諮商常見的進程。我們首先會幫助你認識並理解保護內在家庭的部分，因爲它們時刻保持戒備，通常得等到你的內在家庭系統沒那麼脆弱時，才能接受療癒。所以我們會徵求它們的許可，先療癒脆弱的部分；等到脆弱的部分沒那麼脆弱後，保衛者就能放鬆一點，並願意接受療癒。對許多個案來說，這個「徵求保衛者許可→療癒脆弱部分→回頭處理保衛者」的循環，必須反覆進行多次，因爲大多數人心中都有好幾個次要的保衛者/脆弱部分系統。

許多人常把人心比喻爲洋蔥，層層包裹著最重要的核心問題；但ＩＦＳ卻認爲人性更像是一球大蒜，由許多蒜瓣組成（每一瓣都包含一些保衛者和幾個脆弱的部分），每一瓣都需要單獨處理。當每一瓣都發生變化時，你可能會展現更多「自我」，以及這些內在部分所涉及課題的轉變；以這個例子來說，就是憤怒和脆弱。有些人可能在特定部分獲得療癒後，發生劇烈的轉變；但更多個案會覺得自己的自信、幸福感、思路的清晰程度和平靜感逐漸增加。

## 做個富有關懷心的見證者

「療癒內在部分」是什麼意思？我們要如何療癒內在部分？在從事IFS諮商多年後，我們發現內在部分大多需要卸下重擔，也就是放下讓他們困鎖於僵化角色的極端信念和情緒，並讓內在部分相信你已充分了解，是什麼事件讓它們背負了這樣的重擔。換句話說，**內在部分需要你帶著關懷心，見證你人生的這一段歷史**。

見證需要做什麼？當你認識並與脆弱部分建立信賴關係後，諮商師會說類似這樣的話：「請這個部分向你展示它希望你了解的過去。」這時，你可能會開始「看見」場景或畫面，彷彿在觀看一部描述自己過往經歷的電影。或者，你可能在未看見任何畫面的情況下，體會到某些情緒或感受。脆弱的內在部分會開始以最能讓自己感到安全的方式對你說故事。諮商師會請你專注於內在部分要說的故事，直到它們相信你已了解它們的遭遇，並明白那段經歷有多慘痛。

當內在部分感受到你已充分見證它們的遭遇後，有時諮商師會請你進入該場景（通常是幼年時的場景），並帶領內在部分脫離；但有時未必需要這麼做。

接著，諮商師會請你詢問內在部分，是否準備好卸下它們從痛苦經驗中汲取的信念或情緒。你可能很難相信，卸下重擔是如此簡單的一件事；你無法相信，只要審視痛苦的根源，就能放下這些困擾你一輩子的事。很多時候眞的就是這麼簡單，但簡單不代表容易。誠如之前討論過的，可能有很多原因導致你恐懼重溫過往特定事件，或是對卡在過去動彈不得的內在部分敞開心扉。雖然見證經歷的過程通常不如保衛者所想的那般可怕，卻仍會深刻影響情緒且令人不快。好消息是，這個過程通常很快就能結束，且大多數內在部分馬上就會感覺好多了。一旦能以這種方式爲脆弱的部分卸下重擔，嘗試保護或鎖住這些脆弱部分的內在部分也能隨之放鬆，並對於自己也接受療癒更有興趣。

療癒內在部分還需要其他幾個步驟，但見證經歷通常是最困難的，且往往需要用好幾次諮商的時間，才能讓內心的保衛者允許你這麼做。就算過程漫長，也請不要灰心，該花多久時間，就花多久時間。諷刺的是，你心中渴望加速一切經歷的內在部分反而會拖慢整體的步調，因爲它們會讓其他部分心生抗拒。若你心中有這樣一個總在催促的部分，請立刻讓諮商師知道，好讓你們能一起幫助這個部分放鬆。

靠近脆弱的部分時，你可能會發現自己的衝動行爲增加。比方說，突然很想暴飲暴食、酗酒、濫用藥物、濫交或埋首工作；自殺傾向或憤怒也有可能變得更強烈。你還可能注意到身體出現更多症狀，像是頭痛或其他疼痛與疾病。當你靠近這些自我保護的部分害怕你進入的領域時，這些都是常見和可預期的保護性反應。諮商師應認眞看待這些反應，並讓你與造成這些衝動或症狀的內在部分溝通，看看它們需要得到什麼樣的保證。一般來說，它們只是希望你和諮商師能再次與它們討論它們的行爲、動機，以及諮商師是否會批評你、値不値得信賴等。若這些衝動的內在部分需要你以更具架構的方法加以控制，你可以和諮商師一同思考要採取哪些措施，像是住院或藥物治療。但這些都需要你進一步對內在部分做出保證和協商。

## 療癒的過程

在讓某個脆弱的內在部分卸下重擔後，你可能會想自我保護，不想立刻再次深入探索內心；你也可能覺得自己與諮商師更疏遠了，甚至想停止諮商；或是有可能在家中或職場上變得更挑剔或抽離。比較好的做法是，事先提醒一起生活或共事的人，當你探索自己的內心時，有時可能會變得不像自己；這些也都是當你與先前遭到放逐的脆弱部分建立連結後，可預見的反應。療癒內在部分後，你通常需要花點時間重新釐清自己內心，而你心中的保衛者很可能會覺得措手不及。要是你找不到緩衝的機會，也就是在這樣的療程過後無法找到一段冷靜期，很可能會發現卸下重擔的效果並不持久，導致你必須再次嘗試療癒內在部分。因此，個案通常會將諮商安排在不需要立刻回去工作，或是還能安靜片刻的時候。

有些個案不記得諮商過程中發生的一切，所以最好能準備錄音機，並在治療進行的當週聆聽療程的錄音。此外，個案也發現，寫日記能幫助他們記憶並跟上諮商的過程。他們會寫下諮商中發生的事，以及那一週與內在部分一起做了什麼，或了解內在部分什麼。有些個案在兩次諮商間能與自己的內在部分互動良好，有助於加速療程；但也有些人發現，自己的內在部分只願在諮商師在場時，才讓他們深入探索。這也沒問題，只是療程會變得長一點罷了。

我再重申一次：每個人的內在家庭系統都不相同，人人恐懼的程度不同、步調不同、背負的重擔數量也不同。過去承受較多虐待和創傷的人，自然需要多花點時間。許多人在諮商過程的某一刻灰心喪志，因爲需要療癒的內在部分似乎數也數不清。有時看起來是這樣沒錯，但你可以相信自己需要卸下的痛苦總是有盡頭的，終有一日，你的情緒會好轉。

另一方面，人們也經常發現，即使進行過多次諮商，自己仍以舊有模式回應外在事件，因此垂頭喪氣。你以爲自己就要成功了，但似乎又回到原點。看似如此，實則不然。在療癒所有脆弱部分前，有些保衛者仍會用原本的方式來保護你。務必讓諮商師幫助你了解自己改變了多少，儘管有些地方可能尚未出現變化。改變的過程就像搭雲霄飛車，如果有個並未和你一起坐在上頭的諮商師——或是換個比喻，讓諮商師成爲你情緒暴風裡穩定的「颱風眼」——將對你有所助益。

你無法事先預測完全療癒需要花費多長的時間，但你可以隨時決定要不要改變諮商的頻率或休息一下。諮商師很可能會幫助你檢查是哪些內在部分參與這類決策，但最終仍會尊重你的選擇。

人們在諮商過程中的經驗也各不相同。有些人害怕諮商，總覺得必須勉強自己繼續，就像看牙醫時不能打麻醉藥一樣可怕；其他人則對整個諮商的過程深深著迷，並獲得激勵。如果你和大多數人一樣，有時你會覺得諮商很有趣，有時則會感到害怕。若諮商師能幫助你堅持下去，最終你一定會爲自己的成就驕傲，並因爲自己在這一切結束後感覺更好而開心。

# 附錄A　IFS模式概述

## 一、部分

一、「部分」是我們的次人格，或說是人格的不同面向。在我們的內心世界中，它們以類人際互動的順序和方式與彼此互動。

二、所有部分都是有價值的，也想扮演正面角色。這些內在部分與生俱來便存在於我們心中；也可以說，我們天生就有發展出內在部分的潛能。人的心靈本來就能分成不同部分，擁有多重心智是件好事。

三、但內在部分會因人的生活經驗而變得極端、具破壞力。

## 二、自我

一、是意識的所在，與內在部分位於不同層次。「自我」與內在部分不同，我們看不見它，因爲它就是身爲觀察者的「你」。

二、自我具備關懷、自信、好奇和洞見等特質，這些都是讓人能展現出色領導力的特質。人人都擁有「自我」，只是可能遭到極端的內在部分掩蓋。

## 三、IFS模式的基本目標

一、爲了釋放內在部分，讓它們不再扮演極端角色，我們必須藉由卸下重擔的過程，讓內在部分不再受到重重限制，轉而於內在家庭系統中扮演它們偏好而不那麼僵固的角色。

二、爲了恢復對自我領導的信任，天生就是領導者的「自我」能尊重其他內在部分的意見，使其他內在部分也因此能尊重自我，讓它無論對內或對外，都能有效領導和療癒內在家庭系統。

三、這套模式旨在讓人實現平衡、和諧與整全的心靈。對內，要區分出內在部分所在的系統，並發揮「自我」的力量，同時幫助內在部分彼此協調、減少衝突；對外，則要幫助內在部分表達想法，並以更和諧的方式與外界互動。

四、這套模式能讓自我的能量擴散至外在系統。隨著個人獲得療癒，個人「自我」展現的能量也能療癒他人和外在環境。

## 四、假設

一、在人格發展的過程中，內在部分形成複雜的互動系統，充滿不同的極化與聯盟關係。系統性理論與技術能幫助我們探索內在系統。當我們重塑系統時，內在部分會迅速發生變化。

二、內在系統的改變會影響外在系統的變化，反之亦然。人們可以從任一方面下手，帶動另一方面的改變。

## 五、內在部分常見三角色

一、被放逐者：年輕、脆弱的內在部分，經歷過創傷而與系統的其他部分脫離，好保護自己和整體內在家庭系統。被放逐者背負創傷事件的回憶、感受與情緒，並困守在過去。

二、管理者：負責管理人們日常生活的運作。這些內在部分嘗試控制事件、關係、保持完美、討好他人、照顧他人、透過自我批評讓人害怕冒險、使人麻木、令人擔憂等，並讓被放逐者繼續流放。

三、救火員：這些內在部分會在被放逐者情緒遭觸動時做出反應，好消滅這些情緒，或讓人們與被放逐者疏離。常見的救火員行動包含：濫用藥物或酗酒、自殘（自傷）、暴飲暴食、濫交、自殺念頭和暴怒。救火員與管理者的目標儘管一致（抵擋被放逐者），但採取的策略不同，相較之下更爲衝動。

## 六、模式的運用

一、評估外在系統，確保探索內心世界的安全。

二、說明內在家庭系統的用詞，詢問不同內在部分之間的關係，並了解個案想達到哪些改變。

三、先面對管理者，討論它們的恐懼以及因應方式，建立合作關係、尊重它們的步調。

四、關懷並讓危險的救火員緩和下來。

五、在管理者允許下，開始處理被放逐者。在適當情況下幫助這些被放逐者復原、讓它們卸下重擔。

六、每次幫助被放逐者復原後，都要詢問每個部分當下的狀態。

七、在整個諮商過程中，諮商師的內在部分不能干擾療程，也可以請個案在他們察覺諮商師的部分出現時予以回應。

# 每個人內在都有一個大家庭

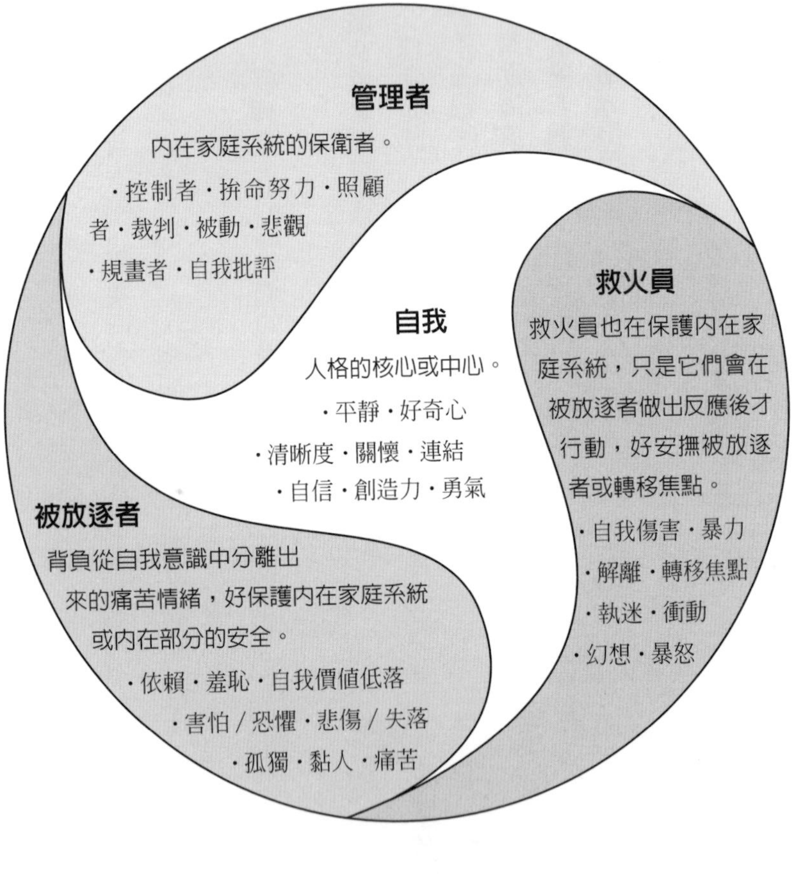
管理者
內在家庭系統的保衛者。
・控制者・拚命努力・照顧者・裁判・被動・悲觀
・規畫者・自我批評
自我
人格的核心或中心。
・平靜・好奇心
・清晰度・關懷・連結
・自信・創造力・勇氣
救火員
救火員也在保護內在家庭系統，只是它們會在被放逐者做出反應後才行動，好安撫被放逐者或轉移焦點。
・自我傷害・暴力
・解離・轉移焦點
・執迷・衝動
・幻想・暴怒
被放逐者
背負從自我意識中分離出來的痛苦情緒，好保護內在家庭系統或內在部分的安全。
・依賴・羞恥・自我價值低落
・害怕／恐懼・悲傷／失落
・孤獨・黏人・痛苦

文字改編自里查・C・史華茲博士的《內在家庭系統》，
圖片由註冊臨床社工師珍妮特・R・穆倫繪製。

# 附錄B　IFS常用術語

・平衡：讓人類系統中的所有成員皆能公平承擔責任、取得所需要的資源並發揮影響力的狀態。

・混合：內在部分的感受或信念，與另一個部分或自我合併。

・重擔：內在部分所背負並受其宰制的極端理念或感受。重擔是人們接觸外在人事物後，才施加到部分身上的。

・受限環境：一種不平衡、極化、糾纏不清、領導不當的人類系統環境。受限制的環境會帶給其中的系統重擔。

・糾纏不清：系統中的兩個成員（或兩群人）彼此變得高度依賴，以至於雙方都對彼此的反應十分敏銳，兩者都難以接觸到自我。

・被放逐者：這些內在部分於內在家庭系統中遭到隔離，好自我保護，或保護內在家庭系統不受打擊。

・救火員：這些內在部分會在被放逐者遭到觸動後，採取行動安撫被放逐者，或使內在家庭系統轉移焦點（抽離），不受被放逐者影響。

・和諧：人類系統中的成員透過有效溝通、彼此關懷，並感受到關愛與連結的合作狀態。

・不平衡：一個成員（或群體）在承擔責任、取得資源和發揮影響力等方面與其他成員（或群體）不均等的狀態。

・管理者：在內在家庭系統中，這些內在部分會盡可能降低被放逐者遭觸動的機會。

・多重性典範：認為人類並非擁有單一心智，且人類心智會自然區分成多種次人格。

・部分：在內在家庭系統中，以這個詞彙代表人類的次人格。將部分視為年齡、才能和性格都不同的內在人格比較好。

・極化：系統中的兩個成員（或兩個團體）彼此對立或競爭，以至於雙方皆因為害怕另一方獲勝或掌控全局，而使它們接觸自我的程度受限。

・失敗領導：系統的領導者遭放逐、有所偏頗、彼此對立或失信。

・自我：展現關懷、洞見、好奇與自信等領導特質的核心人格。自我最有能力領導內在家庭。

- **自我領導**：展現關懷、平靜、清晰度、好奇心、自信、勇氣、創造力和連結等特質的領導作風。
- **永續經營的環境**：平衡、和諧且展現有效領導力的人類系統環境。

Eurasian Publishing Group
圓神出版事業機構
用心與你對話・網野無限寬廣
究竟出版社
Athena Press

www.booklife.com.tw reader@mail.eurasian.com.tw

心理 084

# 脆弱卻驚人的內在力量

## ——IFS創始人用三個練習，帶你化解過去的傷與現在的苦

作　　者／里查・史華茲（Richard C. Schwartz, PhD）
譯　　者／林宜汶
發 行 人／簡志忠
出 版 者／究竟出版社股份有限公司
地　　址／臺北市南京東路四段50號6樓之1
電　　話／（02）2579-6600・2579-8800・2570-3939
傳　　真／（02）2579-0338・2577-3220・2570-3636
副 社 長／陳秋月
副總編輯／賴良珠
責任編輯／林雅萩
校　　對／林雅萩・賴良珠
美術編輯／李家宜
行銷企畫／陳禹伶・鄭曉薇
印務統籌／劉鳳剛・高榮祥
監　　印／高榮祥
排　　版／陳采淇
經 銷 商／叩應股份有限公司
郵撥帳號／18707239
法律顧問／圓神出版事業機構法律顧問　蕭雄淋律師
印　　刷／祥峰印刷廠
2024年2月 初版



定價 320 元　ISBN 978-986-137-435-2

一切都是平行的——
我們如何對應內在世界，就會如何對應外在世界。
如果我們能夠欣賞與愛我們的內在部分，
我們也可以同理地對待相似的人。
反過來說，如果我們厭惡與鄙視我們的內在部分，
我們也會這樣對待其他相似的人。

——里查．史華茲，《沒有不好的你》



國家圖書館出版品預行編目資料

脆弱卻驚人的內在力量：IFS 創始人用三個練習，帶你化解過去的傷與現在的苦／里查．史華茲（Richard C. Schwartz）著，
林宜汶 譯，
-- 初版 -- 臺北市：究竟出版社股份有限公司，2024.02
208 面；14.8×20.8 公分 --（心理：84）
譯自：Introduction to internal family systems
ISBN：978-986-137-435-2（平裝）
1. CST：心理治療　2. CST：家庭心理學

178.8　　112021447